W0048810

Der Autor

Der Diplompsychologe Robert Betz zählt zu den erfolgreichsten Lebenslehrern, Autoren und Seminarleitern im deutschsprachigen Raum. Seine lebensnahen, lebendig gestalteten und humorvollen Vorträge, zu denen in den vergangenen elf Jahren über 150 000 Besucher kamen, begeistern mehr und mehr Menschen quer durch alle Bevölkerungs- und Altersgruppen. Seine Bücher, darunter Top-Bestseller wie *Willst du normal sein oder glücklich?*, *Jetzt reicht's mir aber!* oder *Raus aus den alten Schuhen!* standen bisher insgesamt über 430 Wochen auf der SPIEGEL-Bestsellerliste.

www.robert-betz.com

ROBERT BETZ

Wahrhaftig
MANN
SEIN

Männer entdecken sich selbst

WILHELM HEYNE VERLAG
MÜNCHEN

Das vorliegende Buch ist sorgfältig erarbeitet worden.
Dennoch erfolgen alle Angaben ohne Gewähr.
Weder Autor noch Verlag können für eventuelle Nachteile
oder Schäden, die aus den im Buch gemachten praktischen
Hinweisen resultieren, eine Haftung übernehmen.

Sollte diese Publikation Links auf Webseiten Dritter enthalten,
so übernehmen wir für deren Inhalte keine Haftung, da wir
uns diese nicht zu eigen machen, sondern lediglich auf deren
Stand zum Zeitpunkt der Erstveröffentlichung verweisen.

Verlagsgruppe Random House FSC® N001967

Originalausgabe 8/2018

Copyright © 2018 by Wilhelm Heyne Verlag, München,
in der Verlagsgruppe Random House GmbH,
Neumarkter Straße 28, 81673 München
Alle Rechte sind vorbehalten. Printed in Germany.
Redaktion: Dr. Diane Zilliges
Umschlagfoto: © Brigitte Sporrer, München
Satz: Schaber Datentechnik, Austria
Druck und Bindung: GGP Media GmbH, Pößneck

ISBN 978-3-453-70353-7

www.heyne.de

Inhalt

Einführung 11

1. Männer werden jetzt durchgeschüttelt
   und ausgebremst 21
2. Du und kein anderer hat
   dein bisheriges Leben erschaffen 36
3. Was ist eigentlich los mit dir? –
   Eine Zwischenbilanz 44
4. In dir wartet ein kleiner
   Junge auf dich 59
5. Was tust du alles für Anerkennung,
   Lob und Liebe? 82
6. Männer haben Angst und
   laufen vor ihr weg 89
7. In jeder Krise wartet ein
   verpacktes Geschenk auf dich 101
8. Nimm dich und deine Innenwelt
   endlich wichtig! 109
9. Zum kraftvollen Mann-Sein
   durch das Weibliche in dir 119
10. Dein Körper zeigt dir immer
    deine Wahrheit 128

11. Männer werden jetzt in
    die Schwäche gezwungen 134
12. Die Flucht des Mannes in die Sucht 146
13. Keine Frau kann dich
    glücklich machen 153
14. Wenn zwei zusammenkommen,
    sind es immer vier 164
15. Was kritisieren Frauen
    bisher an dir? 169
16. Deine Mutter – die größte Tür
    in deine Freiheit 178
17. Liebe hat nichts mit »harter Arbeit«
    an der Beziehung zu tun 189
18. Männer schämen sich
    für ihre Geilheit 200
19. Zersägt eure Doppelbetten und
    macht Rollen darunter 208
20. Sexualität als Tanz von
    Lust und Liebe 215
21. Darf deine Partnerin noch
    andere Männer lieben? 221
22. Dein Vater – die größte Tür
    in deine männliche Kraft 234
23. Hast du Bock auf deine Arbeit? 248
24. Männer kommen mit anderen
    Männern in ihre Kraft 269
25. Pack es an und bleib am Ball! –
    Eine Zusammenfassung 278

Nachwort 297

Anhang

Meditationen zu diesem Buch
zum kostenlosen Download 305
Über den Autor 307
Weitere Bücher von Robert Betz 310
Ausgewählte Vorträge und
Meditationen von Robert Betz auf CD 312
Kostenlose Angebote von Robert Betz 315
Gedichte von Andrea Gegner 316

Für alle Männer,
die sich ihre Entdeckerlust auf die
Abenteuer und Schätze eines begeisterten
Männerlebens bewahrt haben.

Anmerkung des Autors

Dieses Taschenbuch ist keine Neuauflage meines ersten Männerbuchs *So wird der Mann ein Mann* unter
einem anderen Titel. Es stellt eine völlig neue Bearbei-
tung des Themas »Mann-Sein« in einer umfangreiche-
ren Fassung dar, die mit der des ersten Buches nur
wenig gemeinsam hat. Wer das erste Buch gelesen
hat, wird sich von diesem Band noch weit intensiver
und persönlicher angesprochen fühlen.

Einführung

Dass Sie es sind, der dieses Buch in den Händen hält, ist natürlich kein Zufall. Auch wenn ich Sie nicht kenne, weder Ihr Alter noch Ihr Gesicht oder Ihre Geschichte, möchte ich gleich erst einmal zum Du wechseln. Versteh das bitte nicht als Anbiederei oder Grenzüberschreitung. Mir fällt es mit einem Du leichter, ein gutes Buch zu schreiben, und bei dir kommt es anders an, unmittelbarer und persönlicher.

Du wirst dich und dein Leben in den folgenden Kapiteln vermutlich wiedererkennen und zugleich – so hoffe ich – Neues in dir und für dein Leben entdecken. Möglicherweise wirst du dich manchmal fragen: Woher weiß der das alles von mir? Und meine Antwort heißt: Weil du mehr, viel mehr mit anderen Männern gemeinsam hast, als du dir bisher vermutlich vorstellen kannst. Ja, ich weiß, wir wollen alle etwas Besonderes und Einzigartiges sein. Und das sind wir auch. Jeder von uns. Du wie ich, wir sind zwei unterschiedliche Persönlichkeiten, zwei unterscheidbare Seelen im menschlichen Körper mit einzigartigen Talenten, Schätzen, Vorlieben und auch Schwächen.

Jeder von uns ist etwas ganz Besonderes, nur glauben es die meisten nicht. Und wenn ich nicht an etwas glaube beziehungsweise es von vornherein ausschließe, schiebe ich damit den Riegel vor die Tür, hinter der ich es entdecken könnte.

Und dennoch haben Männer unseres Kulturkreises vieles gemeinsam, viele Gedanken, Fragestellungen, Lebenssituationen, Hoffnungen und Herausforderungen. Ich nenne Letzteres nicht »Probleme«. Es ist besser, wir nennen es neutraler »Themen«. Auf das Wort »Problem« reagieren wir anders als auf das Wort »Thema«. Bei »Problemen« wird es eng in uns, wir schalten sofort in einen Angriffs- oder Verteidigungsmodus und unsere Gefühle ändern sich auf der Stelle. Beim Wort »Thema« bleiben wir neutraler und können uns die Sache ruhiger mit Abstand anschauen.

In diesem Buch spreche ich über die wichtigsten Lebensthemen von Männern, und Fünfundzwanzigjährige werden sich hierin genauso wiederfinden wie Fünfundsiebzigjährige. Und ich stelle dir immer wieder Fragen, die du dir selbst bewusst beantworten darfst. Nein, müssen tust du es nicht, du darfst es, und du kannst es, wenn du es willst. Und das heißt: Wenn du es wirklich wählst. Du kannst mithilfe dieses Buches mehr Klarheit, Ordnung, Erfolg und Frieden in dein Leben bringen. Und in dir kannst du mit diesem Buch (und den empfohlenen Meditationen) ein völlig neues Lebensgefühl erzeugen, vor allen Dingen

Freude an deinem Leben und an deinem Mann-Sein. Das Buch lädt dich ein, ja, es fordert dich heraus, deine tiefste Wahrheit in dir und über dich zu entdecken – und sie auch zu leben, jeden Tag und von Tag zu Tag mehr und mehr und mehr.

Mit der Frage »Wann ist der Mann ein Mann?« brachte Herbert Grönemeyer vor vielen Jahren die tiefe Verunsicherung der Männer über das Mann-Sein und die Männlichkeit auf den Punkt. Die bessere Frage wäre dabei: »Was ist ein ›richtiger‹ Mann?« Und noch besser wäre es zu fragen: **»Was macht einen Mann zu einem wahrhaft glücklichen, selbstbewussten, liebevollen, empathischen Mann, der seinem Herzen folgt und mit Freude das in die Welt bringt, was in ihm angelegt ist an Talenten und Schätzen, an Leidenschaft und Liebe?«**

Wer entscheidet denn, was ein »richtiger« Mann sein soll? Die Medien? Die Frauen? Bestimmte Männerkreise? Natürlich nicht. Allein der Mann selbst darf und kann in sich das sichere Gefühl entwickeln, mit Freude, Klarheit und innerer Sicherheit ein Mann zu sein und sein Männerherz zum Singen zu bringen. Dieses Buch ist daher eine praktische, lebensnahe Anleitung für den Weg zum wahrhaftigen und glücklichen Mann-Sein in einer Welt, die sich gerade mächtig im Umbruch befindet.

Viele Frauen bewegen sich schon seit einigen Jahrzehnten auf der Suche nach einem neuen Selbstverständnis, nach einer höheren Lebensqualität und einem Weg aus ihren Krisen hin zu einer neuen Weiblichkeit. Auch sie beschäftigt die Frage »Was ist eine ›richtige‹, eine authentische, glückliche Frau und wie wird man dazu?« In meinen Seminaren und Vorträgen waren es in den ersten Jahren fast 90 Prozent Frauen, die sich für ihr Innenleben, ihre Gefühle, ihre Gedanken und die Ursachen von Konflikten, Krankheiten und Krisen interessierten. Heute liegt der Anteil der Männer schon bei 30 bis 40 Prozent und manchmal darüber, ganz abgesehen von unseren reinen Männerseminaren. Diese Männer sind keine »kleinen armen Psycho-Würstchen«, wie manch ängstlicher Nur-Kopf-Mann noch glauben mag. Es sind zum großen Teil erfolgreiche, bodenständige Selbstständige, Führungskräfte, Handwerker und Angestellte, Vertriebler, ITler, Banker, Berater, Anwälte, Ärzte und Therapeuten zwischen vierzig und sechzig; Männer, die es schon zu etwas gebracht haben (oder hatten) und mit beiden Beinen fest im Leben stehen.

Während Frauen in der Regel früher reagieren, wenn die Dinge im Leben schiefzulaufen scheinen, oder zumindest früher ihren Mund aufmachen, halten wir Männer viel länger in Zuständen aus, die zutiefst unbefriedigend sind, die keine Freude machen, in denen und an denen wir leiden. Viele von uns sind Weltmeister im Durchhalten und Aushalten. Aber schon das Wort »leiden« mag sich kaum ein Mann zugestehen, denn ein »richtiger« Mann »leidet« nicht, sondern er kämpft, hält durch, beißt die Zähne zusammen und schluckt seine Gefühle mit ein paar Bier am Abend runter.

Da die wenigsten Männer bis heute gelernt haben, ihre Verantwortung für den Zustand ihres Innenlebens zu übernehmen (für ihre Gedanken, Gefühle, Körperempfindungen und ihr wahres, nicht physisches Herz), bewegen sie sich mit ihrer Durchhaltestrategie, ihrem Kämpfen und Zieleverfolgen immer mehr in eine Sackgasse hinein. Und an deren Ende steht dann der Burn-out, der Infarkt, die Depression, der Bandscheibenvorfall oder eine Sucht, kurzum der Zusammenbruch des pseudostarken Mannes, ob er nun tagsüber an der Werkbank steht oder eine Firma leitet. Dass sie sich selbst diese Erschöpfung oder dieses »Scheitern« erschufen, dämmert den meisten, aber der Weg von dort wieder weg ist ihnen völlig unklar.

Mit dem Vorsatz »in Zukunft kürzerzutreten und weniger zu arbeiten« ist es nicht getan. Er bietet nicht die Lösung, da die wahren Ursachen damit nicht erkannt werden. Diese liegen nicht im »falschen Handeln« oder darin, »zu viel zu arbeiten«, sondern im Bewusstsein des Mannes, in seinen (meist nicht bewussten) Gedanken, Glaubenssätzen und Überzeugungen, in seinem Selbstbild und Weltbild und in den vielfachen inneren Verstrickungen mit seiner eigenen

Vergangenheit. Sie liegen außerdem in seiner Weigerung, seine Gefühle wahrzunehmen, anzunehmen und sie bejahend zu fühlen, allen voran seine Ängste, seine Schuld, Minderwertigkeit, Ohnmacht und ganz besonders seine Wut. Obwohl die meisten von uns fleißig waren und all das machten, was Familie, Frauen und die Gesellschaft von ihnen erwarteten, stehen sie irgendwann ratlos, erschöpft und unglücklich da und fühlen in sich eine große Leere verbunden mit dem Gefühl, etwas Wesentliches verpasst zu haben. Viele von ihnen schämen sich ihrer Verunsicherung und ihrer Misserfolge, Enttäuschungen und Schwächen, ihrer Ängste und ihrer Potenzschwierigkeiten, weil sie es als unmännlich empfinden, sich schwach und verletzlich zu zeigen.

Der Mann hat über Jahrtausende hinweg gelernt, sein Herz zu verschließen, und seinen Verstand zum Chef seines Inneren gemacht. Er ist bis heute weitgehend ein emotionaler Analphabet geblieben. Sein Verstand, gefüllt mit vielen eingefahrenen, seit Generationen konservierten, unwahren Gedanken darüber, was man(n) zu tun und zu unterlassen hat, läuft jetzt gegen eine Wand. »Normal zu sein« und der ungeschriebenen Norm eines veralteten Männerbildes zu entsprechen, führt zu keinem glücklichen Männerleben. **Die oft versteinerten, traurigen, todernsten oder hilflosen Gesichter der Männer lassen erahnen, wie es um ihr inneres Herz bestellt ist. Es ist bei vielen verschlossen, verletzt, enttäuscht oder gebrochen,** und das schon weit vor einem Infarkt des physischen Herzens.

Bisher verstand der Mann nicht, wie und warum er dort landen konnte, wo er heute steht (oder flachliegt), aber er hat auch nicht nach den Ursachen geforscht, sondern sich abgefunden und durchgehalten. Das beginnt sich jetzt erfreulicherweise, wenn auch langsam, zu ändern.

Ein Autor schreibt ein Buch erst einmal für sich selbst. Das ist auch bei mir nicht anders. Mein tiefer Wunsch war es und ist es nach wie vor, mich selbst immer besser kennenzulernen und meiner tiefsten Wahrheit auf den Grund zu gehen. Das Leben sehe ich wie eine Wanderung aus einem Zustand der Abhängigkeit, Bedürftigkeit und Unbewusstheit hin zu uns selbst, zu der klaren Erkenntnis, wer wir wirklich sind und was alles in uns verborgen ist. Zu dieser Erkenntnis gelangen wir nicht durch langjähriges Grübeln oder Philosophieren, sondern durch die Auseinandersetzung mit den vielfältigen Erfahrungen mit uns selbst und in den Beziehungen zu anderen Menschen, im Beruf wie im Privaten. Die schmerzlichen Erfahrungen in unseren Krisenzeiten sind dabei die wichtigsten. Sie lassen uns am meisten wachsen, wenn wir uns ihnen stellen und nicht vor ihnen flüchten.

Mein eigener Männerweg verlief über viele Stationen und durch Höhen und Tiefen. Vom braven katholischen

Messdiener, der mit zehn Jahren Priester werden wollte, über den Klosterinternatsschüler zum Industriekaufmann, vom Zivildienstleistenden und Abendgymnasiasten zum Diplom-Psychologen und vom Marketing-Manager zum Vortragsreferenten, Seminarleiter, Therapeutenausbilder und Autor. Dieser Weg verlief wie bei den meisten von uns alles andere als geradlinig, sondern er enthielt Brüche und Krisen. Er beinhaltete zwei Ehen, einige weitere Frauenbeziehungen sowie viele Jahre als Single, der ich bis heute bin, vermutlich jedoch nicht ewig bleiben werde, wie mein Gefühl mir sagt.

Meine so abwechslungsreiche Arbeit mache ich nicht, um damit Erfolg zu haben, auch wenn mir das viele nicht glauben werden. Mein Erfolg ist die Folge davon, dass ich das, was ich mache, mit großer Freude und Liebe mache und dass ich mit Geduld und Beharrlichkeit meinen Weg gehe. Das erfüllt mich und mein Herz. Nicht alles, was ich tue, liebe ich im gleichen Maße, aber das meiste davon liebe ich sehr. Dazu gehören ganz besonders meine vielen Vorträge und Seminare, in denen ich Männern und Frauen persönlich begegne, mit ihnen spreche und erfahre, wie viele von ihnen schon begonnen haben, ihrem Leben eine völlig neue Qualität und Richtung zu geben. Darum widme ich dieses Männerbuch all den Männern, die den Mut haben, sich ehrlich anzuschauen, was in ihrem Leben nicht oder nicht mehr stimmt, die den Mut zur Wahrhaftigkeit haben und andere Männer durch ihr Vorbild ermutigen.

Ich habe heute keinen Zweifel mehr daran, dass Bücher Lebensläufe verändern können. Bücher und Vorträge ermöglichen uns, Dinge aus einem neuen Blickwinkel zu betrachten und neu und anders zu verstehen. Schon dies allein bewirkt oft, dass wir anders mit den Vorgängen in unserem Leben umgehen können und uns entsprechend anders und besser fühlen. Da wir unsere äußere Welt aus dem Zustand unserer inneren Welt heraus erschaffen, können zudem Meditationen zu einem machtvollen Instrument von Lebensveränderungen werden, die von innen nach außen verlaufen.

Im Anhang des Buches findest du neben einer Liste empfohlener CDs auch einen Link zu 6 Meditationen, die ich für dieses Buch aufgenommen habe und die du dir kostenlos herunterladen kannst. Auch wenn du von Meditationen bislang wenig hältst, überprüfe deine Meinung und korrigiere deine Vorurteile, indem du dich einmal auf sie einlässt. Dein Kopf kann sich nicht vorstellen, wie klärend und befreiend und wie nährend und stärkend solche geführten Reisen nach innen auf dich wirken und wie sehr sie deine Gesamtbefindlichkeit verbessern können.

Da sich dieses Buch nicht nur an deinen Kopf, sondern ganz besonders auch an dein Männerherz richtet, habe ich ihm einige Gedichte der Sängerin und Dichterin **Andrea Gegner** hinzugefügt, die sie für dieses Buch verfasst hat. Mögen sie in deinem Herzen etwas anklingen lassen, was der Kopf allein nicht fassen kann.

1. Männer werden jetzt durchgeschüttelt und ausgebremst

Männer haben weit mehr gemeinsam, als der einzelne Mann es vermuten mag. Und wenn sie dieses Gemeinsame entdecken, dann erkennen sie sehr schnell, auf welche Weise der heutige Zustand ihres Lebens von ihnen selbst erschaffen wurde. Der junge Mann geht gewöhnlich von zu Hause in die Welt hinaus, um »es« zu schaffen. Er stürzt sich in Ausbildung oder Arbeit und klotzt ran. Er will Erfolg haben und gutes Geld verdienen, als Angestellter oder als Selbstständiger. Ein »richtiger« Mann definiert sich und seinen Wert über Erfolg und Geld und stürzt sich ins Machen und Tun.

Dieser einseitig auf Leistung ausgerichtete Weg wird für die meisten Männer zu ihrem Lebens- und Schicksalsweg. Leben heißt für sie, etwas zu leisten, es zu etwas zu bringen. »Haste was, biste was, haste nix, biste nix«, und zwar in den Augen der anderen. Von dieser auf Dauer selbstmörderischen Spur kommen sie so schnell nicht runter. Erst eine Krise des Körpers, der Psyche oder der Partnerschaft, der Verlust der Arbeit oder erst die Rente oder Pensionierung

wirft sie aus dieser schmalen und harten Spur. An seiner Arbeit hält sich der Mann fest wie die Table-Tänzerin an ihrer Stange; nimmt man ihm diese Stütze weg, fällt er, und das meist tief. An das, was er tut, und an den Erfolg seiner Arbeit koppelt der Mann für gewöhnlich seine ganze Selbstwertschätzung und Selbstwürde. Verliert er seine Arbeit, geht auch sein Selbstwertgefühl baden, so brüchig es vorher auch schon gewesen sein mag.

Der Mann versteht sich in erster Linie als arbeitender Mann. Hat er keine Aufgabe, dann kann er mit sich selbst oft nichts anfangen. Er weiß einfach nicht, woran er sich festhalten soll, weil er kaum einen Halt in sich selbst hat. Diese Angst, den Halt zu verlieren, treibt gegenwärtig immer mehr Männer um, ihre Zahl nimmt stetig zu. Und wie Männer auf Angst reagieren, das sehen wir täglich in Firmen und Beziehungen: Sie greifen sehr oft verzweifelt zu Pillen und Alkohol, um irgendwie durchzuhalten. Oder sie lenken sich durch extremes, dem Körper gegenüber herzloses Verhalten beim Sport von der inneren Misere ab. Sie werden entweder aggressiv sich selbst oder anderen gegenüber oder antriebslos und versinken in einer Depression. Die Gesichter der heutigen Männer erzählen genau solche Geschichten. **Hast du den Mut, dir einmal drei Minuten (also 180 Sekunden) lang in einem Handspiegel in die Augen zu schauen? Wenn dein Verstand dir gerade sagt, das sei dir zu albern, dann steckt dahinter die** pure Angst vor dem, was du in deinen Augen entdecken könntest.

Wie sehen die Körper von Männern ab vierzig, spätestens ab fünfzig aus? Der Magen ist übersäuert, der Rücken verspannt, die ersten Bandscheiben sind dahin, das Herz ist angegriffen, das Atmen fällt schwer, die Gelenke schmerzen, die Galle produziert Steine, die Probleme gehen an die Nieren. Viele Nächte werden nicht mehr durchgeschlafen und im Bett macht der Penis immer öfter schlapp. Impotenz oder die Angst davor – höchst schambesetzte Themen – sind weiter verbreitet als allgemein angenommen. Die vielen Millionen Viagra-Nutzer in Europa sind lediglich die Spitze eines Eisberges der Männerprobleme rund um ihre Sexualität.

Die Fixierung auf Arbeit, Leistung, Geld und Erfolg beziehungsweise die Verknüpfung von Selbstwertgefühl und Erfolg hat den Mann an den Rand eines Abgrundes geführt. Nicht wenige verzweifeln und nehmen sich das Leben, es sind dreimal so viele Männer wie Frauen. Und viele andere sterben den langsamen Tod an gebrochenem Herzen oder verfallen in Antriebslosigkeit.

Das alles beruht weder auf Schicksal noch auf der Dummheit von Männern, sondern auf Unbewusstheit und Unwissenheit sowie auf sehr alten, eingefahrenen Mustern des Denkens und Verhaltens, die über viele Männergenerationen weitergereicht wurden und von den meisten bis heute noch nicht infrage gestellt werden. Es sind die »alten Schuhe«, in denen Männer während ihrer Kindheit zu gehen lernten und die ich in meinem Bestseller *Raus aus den alten Schuhen* ausführlich beschrieben habe.

Wir Männer können heute lernen zu verstehen, warum wir – und die Männer vor uns – diesen Weg gegangen sind und uns in eine tiefe (individuelle wie kollektive) Krise hineinmanövriert haben. Daran ist weder die Wirtschaft schuld noch sind es die Frauen oder unsere Eltern. **Niemand hat hier Schuld. Dennoch gibt ein Großteil der Männer sich selbst die Schuld und schämt sich insgeheim, weil sie davon überzeugt sind, versagt und »es nicht geschafft« zu haben. Das heißt, diese Männer haben die eigenen und die Erwartungen anderer nicht erfüllt und meinen kurzum, ihr Leben »versemmelt« zu haben.** Und das trotz großer Anstrengungen über so viele Jahre hinweg.

Letztlich sind die Lebenswege von Männern und die Ursachen, die sie so häufig in Sackgassen führen, sehr leicht zu verstehen. Nur, welcher Mann will das eigentlich? **Wie viele von hundert Männern machen sich wirklich auf den Weg, sich selbst zu verstehen? Schon der Versuch passt für viele nicht zu einem »normalen« männlichen Verhalten.** Eher interessieren sich die Frauen dafür, was denn mit ihren Männern los ist und ob da noch was zu retten ist. Wie ist das für dich, den

Mann, der gerade dieses Buch hier liest? Hast du diese Frage nach dir selbst auf dem Schirm? Bist du die Ausnahme und hast du dir schon einmal innerlich vorgenommen: »Ja, ich bin an mir selbst, an meinem Innenleben interessiert. Ich will verstehen, wer ich bin und wie ich ticke«?

Bis ein Mann wirklich beginnt, an seinem unbefriedigenden Leben etwas zu ändern, muss in der Regel schon viel passieren. Es braucht gehörige »Einschläge«, Krisen und Verlusterlebnisse. Denn erstens hat er gelernt, dass Durchhalten und Aushalten zum Mann gehören wie das Rasieren am Morgen, und zweitens sieht er oft einfach keine Alternative zu seinem einmal eingeschlagenen Weg. Die Rechnungen wollen bezahlt, die Kreditschulden abgetragen, die Erwartungen von Frau und Kind/Kindern, Eltern und Schwiegereltern erfüllt werden. Und der innere Antreiber ruft ihm ständig zu: »Das kannst du besser machen! Streng dich noch etwas mehr an!« Wie soll man(n) von diesem fahrenden Zug abspringen, wie diese Spur verlassen? Der »normale« Mann versucht, die Spur so lange wie irgend möglich zu halten, weil sie ihm Orientierung, Halt und eine Sicherheit bietet, die sich erst später im Krisenfall als Scheinsicherheit entpuppt.

Langsam dämmert es mehr und mehr Männern, dass sie kein Einzelfall sind, wenn sie die Orientierung im Leben verloren haben und sich fragen, wozu dieser ganze Kampf und Krampf gut sein soll. Jetzt geht es um das grundlegende Thema des Mannes und dies betrifft alle Männer. Es geht um die Klärung von Fragen wie:

- Wer bin ich als Mann? Und was bedeutet es für mich, ein Mann zu sein?
- Wozu bin ich auf der Welt? Gibt es für mich eine zentrale Aufgabe, eine Mission oder etwas Ähnliches?
- Wann und wodurch habe ich mich selbst (wie so viele) verloren?
- Wie finde ich mich wieder, und wie kann ich zu einem glücklichen Mann werden?

Für diese und ähnliche Fragen öffnet sich in dieser Zeit des großen Umbruchs eine wachsende Zahl von Männern, auch wenn es noch eine Minderheit ist. Nachdem viele Frauen oft schon seit zehn oder zwanzig Jahren auf dem Weg zu einem bewussteren Frau-Sein sind, Selbstfindungsseminare besuchen, Yoga oder Ähnliches praktizieren, meditieren und Frauenbücher lesen, macht sich auch der Mann jetzt allmählich zu sich selbst auf. Natürlich hat es immer schon ein paar wenige Exotenmänner gegeben, die sich in Tantra-, Meditations- oder Männergruppen getroffen haben. Aber in diesen Jahren wachen immer mehr »ganz normale« Männer auf, solche, die es noch vor Kurzem für unmöglich gehalten hätten, sich mit anderen Männern über solche Fragen rund ums Mann-Sein zu unterhalten. **Der Mann ist jetzt an einer**

T-Kreuzung der Zeit angelangt, an der es nicht mehr geradeaus weitergeht wie bisher, sondern an der er gezwungen ist, sich bewusst zu entscheiden, welchen Weg er mit sich selbst in Zukunft gehen will.

Meist ist es sein Körper, der ihm schmerzhaft klarmacht, dass er etwas ändern muss und dass Energydrinks, Pillen und Durchhalten keine Lösung sind. Oder seine Partnerin zeigt es ihm, indem sie ihn nach zehn, zwanzig oder dreißig Jahren verlässt und damit aus einer erstarrten, leeren und langweiligen Beziehung ausbricht. Oder es sind der steigende Druck und die Veränderungen am Arbeitsplatz oder eine plötzliche Entlassung, die ihn zusammenbrechen lassen und ihn dadurch aus seinem tiefen »Dornröschenschlaf« aufwecken. Der Mann begreift zunehmend, dass er für seinen bisherigen einseitigen Weg über Leistung nicht mehr belohnt wird und dass sich dieser Weg letztlich nicht auszahlt. Denn selbst wenn die Kohle stimmt und das Geld gut angelegt scheint – was nützt es dem Fünfzigjährigen, wenn er mit sich selbst nicht viel anfangen kann, wenn die Frau ihn nicht versteht oder verlässt, wenn Sohn oder Tochter ihre eigenen Wege gehen und nichts von ihrem Vater wissen wollen, der eh nie Zeit für sie hatte, oder wenn der Körper streikt und er am Ende seinen ganzen Lebensweg in Zweifel zieht und verzweifelt?

Dem Mann wurde stets vermittelt, dass er sich vor allem um das Machen kümmern soll, dass er viel tun müsse, um irgendwann genug zu haben. Und wenn er etwas habe – Geld, Grundstück, Auto, Haus oder einen Titel –, dann wäre er JEMAND, und die anderen und die Gesellschaft würden ihm dann eine Urkunde ausstellen und bestätigen: »Du hast bestanden. Gratulation!« Jetzt begreifen immer mehr Männer, dass dies ein Irrweg war und ist und eine solche Urkunde, wenn man sie überhaupt bekäme, absolut wertlos wäre.

Die Gleichung, nach der aus dem TUN das HABEN folgt und sich hieraus das gewünschte SEIN ergibt, geht nicht auf. Denn das Ziel, das glückliche Sein als Mann, wird auf diese Weise nie erreicht. **Das Sein und hier vor allem das bewusste Sein, das geklärte Bewusst-Sein des Mannes – sein Selbstverständnis und sein (im wahrsten Sinne) Selbst-Bewusst-Sein – muss die erste Priorität in jedem Männerleben einnehmen. Er wird sich selbst wieder in den Mittelpunkt seiner Aufmerksamkeit stellen dürfen. Er wird sich zum wichtigsten Menschen in seinem Leben erklären und auch so behandeln dürfen und nicht wie einen Hamster im Laufrad.** Davon wird auch seine Partnerin in großem Maße profitieren. Etwas für sich selbst zu tun, bedeutet nicht, dass es gegen andere gerichtet ist, im Gegenteil.

Wie klingt dieser Gedanke für dich? Du kannst dich entscheiden, dich selbst in den Mittelpunkt deiner Aufmerksamkeit zu stellen, du kannst dich selbst als den wichtigsten Menschen deines Lebens anerkennen und auch so behandeln.

Die Krise, in die der Mann jetzt über die Krise seines Körpers, die Krise seiner Partnerschaft und die Krise in Wirtschaft und Gesellschaft gerät, ist nichts weniger als eine fundamentale Sinnkrise des Mannes von historischem Ausmaß, der kein Mann in dieser Zeit entgehen kann. **Es ist keine Frage von Einzelschicksalen.** Der Mann wird sich wesentlichen Fragen stellen müssen – hier noch einmal:

- »Wozu bin ich eigentlich auf der Welt?«
- »Was ist der Kern meines Mann-Seins?«
- »Was bedeutet für mich ›Männlichkeit‹?«
- »Und was ist im Gegensatz dazu ›Weiblichkeit‹?«
- »Was ist in meinem Verständnis ein ›richtiger Mann‹?«
- »Und was macht mich wirklich glücklich?«

Seit unzähligen Generationen war es die zentrale Aufgabe der Männer, das Überleben zu sichern. Das Leben war noch vor einhundert Jahren in Deutschland mit Sechzehnstundentagen ausgefüllt. 80 Prozent der Bevölkerung waren damals in der Landwirtschaft tätig. Zum Auftrag und zur Pflicht des Mannes gehörte es, seine Familie zu ernähren, indem er die Felder bestellte oder auf andere Weise die Grundversorgung sicherte. Eines Tages marschierte er in die Manufakturen und später in die Fabriken, um seine Pflicht als

Ernährer und Versorger zu erfüllen. Und immer wieder im Laufe der Jahrtausende wurde der Mann rekrutiert, um in Kriege zu ziehen, um zu töten oder getötet zu werden.

Diese Erfahrungen unserer Väter und Urväter sitzen uns Männern bis heute noch in den Knochen, auch wenn uns das nicht bewusst ist. Das Erfüllen von Pflichten, das Gehorchen, Marschieren und Funktionieren ist tief in unser Unterbewusstsein eingraviert. Auch heute noch marschieren Massen von Männern in ihren grau- oder blau-weißen Uniformen, im Blaumann oder im »casual dress« zur Arbeit in Firmen, Behörden und Fabriken und orientieren sich daran, was der andere macht und was von oben gefordert wird.

Auch heute noch empfinden sich die meisten Männer mit Partnerin oder Familie als Pflichtenerfüller, obwohl inzwischen sehr viele Frauen berufstätig sind, ihr eigenes Geld verdienen und zum Haushaltseinkommen beitragen oder sogar mehr verdienen als ihre Männer. Viele Männer arbeiten und leben mit einem tiefen Gefühl der Unfreiheit, getrieben von Überzeugungen wie: »Ich habe ja keine Wahl. Ich muss. Ich muss arbeiten. Ich muss Geld verdienen. Ich muss den Kredit abbezahlen.«

Wer mit solchen Gedanken schon morgens aufsteht, der lebt kein eigenes Leben, der lebt nicht wirklich, der ist schon halb tot. Und so fühlen sich auch viele Männer bereits in den Vierzigern: ausgebrannt, erschöpft und ohne jede Begeisterung für ihren Weg und für ihr Mann-Sein. Diese Krise des Mannes erreicht jetzt, in diesen Jahren der großen Transformation, des großen Wandels im Bewusstsein der Menschen, ihren Tiefpunkt und damit zugleich ihren Wendepunkt.

Fast jeder Mann (wie auch jede Frau) gerät in seinem Leben in eine oder mehrere Sackgassen. Das ist kein Naturgesetz, aber bisher passiert es den meisten. Vielleicht steckst du gerade in einer solchen Sackgasse und weißt nicht, wie es weitergehen soll in deinem Leben. Falls du das noch nicht erlebt hast (weil du vielleicht noch am Anfang deines Männerlebens stehst), dann kannst du solche Sackgassen vermeiden, indem du umsetzt, was ich in diesem Buch schreibe. Es ist nicht schwierig und bedeutet keine »harte Arbeit«, wie uns der Verstand oft weismachen will.

Die Sackgassen tauchen heute immer früher auf, oft schon in den Dreißigern, aber die Mehrzahl erlebt sie in den Vierziger- und Fünfzigerjahren ihres Lebens. Viele Männer haben dann das Gefühl, irgendetwas sei schiefgelaufen. So beschissen sich solche Sackgassen anfühlen, so sinnvoll und wichtig sind sie. Ja, du hast richtig gelesen: **Unsere Krisen, Krankheiten und Konflikte sind wichtig, weil sie uns dazu** zwingen, aufzuwachen und etwas Wesentliches in unserem Leben zu ändern. Ohne solche Krisen würden wir uns nicht weiterbewegen, nicht wachsen, reifen und uns weiterentwickeln.

In der Beziehung zu ihrer Frau oder Partnerin ist bei vielen Männern der Saft raus, es fehlt die Spannung und das echte Interesse am anderen. Im Bett läuft oft wenig bis gar nichts mehr oder nur langweilige Gymnastik. Oder die Frau liegt dem Mann ständig mit irgendetwas in den Ohren, nörgelt und meckert, und versucht, ihn zu bearbeiten und zu verändern, weil sie mit sich selbst nicht im Frieden ist – ein altes »Hobby«, das Frauen gern von ihren Müttern übernehmen, obwohl sie es doch ganz anders als sie machen wollten. Erinnerst du dich noch, wie deine Mutter mit deinem Vater umging und wie sie über ihn sprach, wenn er gerade nicht da war? Die meisten Mann-Frau-Beziehungen sind nach zehn, fünfzehn Jahren geprägt von Langeweile, eingefahrener Routine, gegenseitigen Vorwürfen, von Stagnation oder Resignation. Jedenfalls sind sie alles andere als ein Freudenfest. Wenn es bei euch anders ist, dann herzlichen Glückwunsch.

Und wenn die Frau irgendwann zu dem Schluss kommt, dass sie bei ihrem Dieter oder Franz nicht mehr auf eine Änderung hoffen kann, dann sucht sie ihren Weg woanders. Sie nimmt sich entweder still und heimlich einen Liebhaber oder packt nach zwanzig Jahren plötzlich ihre Sachen und ist über alle Berge, wenn sie den Mut hat. Wer will es ihr übel nehmen? Viele warten damit, bis die Kinder auf eigenen Beinen stehen können. Dann sitzt der Mann in seiner Verzweiflung vor seinem Glas und hat das Gefühl: Jetzt ist alles aus! Ein Leben ohne Frau können sich viele Männer schlicht nicht vorstellen. Die meisten haben nie gelernt, allein etwas Sinnvolles mit sich selbst anzufangen, geschweige denn mit sich allein glücklich oder sich selbst der beste Freund zu sein.

Andere Männer werden auf ihren eingefahrenen Lebenswegen von ihrem Körper gestoppt, sei es durch einen Unfall mit dem Auto, dem Motorrad, den Skiern oder dem Rennrad oder durch eine Krankheit, die oft das Herz, den Magen, die Galle, den Rücken oder die Gelenke betrifft. Dann liegt der Mann wochen- oder monatelang in der Waagerechten, einer Haltung, die er sich in seinem Leben selten gegönnt hat, und ist gezwungen, sich auf einmal mit sich selbst zu beschäftigen. Ein Horror für viele Männer, denn jetzt können sie sich nicht mehr ablenken, flüchten und irgendetwas tun.

Jetzt bemerkt der Mann, wie wertvoll doch sein gesunder Körper war, den er gern wieder zurückhätte und dem er so wenig Beachtung und Dank geschenkt oder den er sogar missbraucht hat. Sein Körper war für ihn bisher eine Art Gebrauchsgegenstand, in Wirklichkeit ein Verbrauchsgegenstand, den man duscht und dessen Zähne man putzt, den man aber sonst zu nehmen hat, wie er ist, etwas, das sich halt abnutzt mit der Zeit. Ihrem Auto widmen sich Männer oft mit mehr Liebe als ihrem »irdischen Fahrzeug«, dem Körper.

Wieder andere schlittern über ihren Arbeitsplatz in eine große Lebenskrise hinein. Sei es, weil sie ihn verlieren oder weil er sie kaputt macht beziehungsweise sie sich in ihm kaputt machen. Vielen Männern macht die Arbeit einfach keine Freude, nicht wenigen scheint schon der Gedanke absurd, Arbeit könne Spaß machen. Die einen haben ständig Krach mit dem Chef oder fühlen sich nicht wirklich von ihm gesehen und geschätzt. Andere reiben sich in Konkurrenz mit den Kollegen auf, vergleichen sich ständig, sind neidisch auf den Erfolg anderer oder halten dem immer größeren Druck in der Firma nicht mehr stand. Die einen flüchten sich abends zum Bier oder vor den Fernseher, die anderen machen Überstunde um Überstunde, um mithalten zu können – oder um nicht nach Hause zu müssen, weil es dort auch nichts zu lachen gibt.

Wer dem Fluss vertraut

Wer keine Spuren hinterlässt, geht keinen Weg,
und ohne Ufer baut kein Schiffer einen Steg.
Ganz ohne Haus weht nie ein Wind durch leere
    Gassen,
und wer nichts festhält, der wird niemals etwas
    lassen.

Wer niemals irgendetwas wagt, trotz aller Zweifel,
wer nie mit Schatten kämpft, der trotzt nicht Tod
    noch Teufel.
Wer nie sich selbst begegnet in der Einsamkeit,
der wird auch einsam sein in jeder Zweisamkeit.

Doch wer dem Fluss vertraut, auch wenn der Wind
    sich dreht,
wer allen Stürmen ohne Furcht entgegengeht,
der wird, wenn alle Zweifler voller Angst verzagen,
von jenem Strom des Lebens hin zum Licht
    getragen …

ANDREA GEGNER

2. Du und kein anderer hat dein bisheriges Leben erschaffen

Du hast vermutlich schon den Gedanken gehört, dass wir selbst es sind, die alle Zustände unseres Lebens erschaffen, im Inneren wie im Außen. Viele machen daraus: »Also bin ich selbst schuld!« Nein, ich rede nicht von Schuld, ich rede von Schöpfermacht und Schöpferverantwortung. Und wer nicht weiß, dass er jeden Morgen als Schöpfer aufsteht, der seine – halt dich fest – grenzenlose Schöpfermacht in jeder Minute anwendet, den trifft keine Schuld. Denn er weiß nicht, was er tut, wenn er völlig unbewusst täglich Energien in die Welt und zugleich in seinen Körper schickt, die zu unbefriedigenden Ergebnissen auf der Ebene des Körpers, der Psyche, der Beziehungen und des Berufs führen.

Du bist zeit deines Lebens ein mit großer Macht ausgestatteter Mann, der Gedanken, Gefühle, Worte und Handlungsenergien in die Welt sendet, die dich genau dorthin geführt haben, wo du heute stehst. Was du heute also in deinem Leben vorfindest, dafür hast du dich auf unbewusste Weise entschieden. Es ist dein eigenes Werk. Niemand ist schuld, weder du noch andere,

aber du hast es erschaffen, auch wenn sich dein Verstand noch dagegen wehren mag.

Wenn du Gedanken denkst und glaubst wie »Ich bin nicht gut, talentiert, attraktiv, diszipliniert etc. genug«, dann gehen diese Gedanken als Schwingung in die Welt und zugleich nehmen die Billiarden Zellen deines Körpers sie als Schwingung wahr und müssen darauf reagieren. Du schickst seit Jahren Tausende solcher und ähnlicher Gedanken hinaus in die Welt, und das Leben muss präzise darauf antworten. Seine Antwort heißt immer: »Mein Lieber, nach deinem Denken und Glauben geschehe dir. So wie du über dich und das Leben denkst, *SO SEI ES!*«

Meine Frage an dich: Bist du bereit, dich diesem so zentralen Gedanken zu öffnen? **Bist du also bereit, deine Schöpferverantwortung für dein Leben zu übernehmen?** Wenn ja, bedeutet dies, dass du ab heute zum bewussten und immer bewussteren Schöpfer und Gestalter deines Leben werden kannst, anstatt dich als Opfer von Menschen, Ereignissen, Elternhaus, Ex-Frauen, Ex-Chefs und Lebensumständen zu fühlen. Mach dir diesen für dich jetzt möglichen Schritt bewusst. Du wählst immer, du kannst nicht nicht wählen: Entweder entscheidest du dich, diesen Gedanken anzuerkennen, oder du entscheidest dich für das Gegenteil. Entweder für den Schöpfer-Mann oder für den Mann als Opfer. Was wählst du?

Mit der Entscheidung, dich als Schöpfer und Gestalter anzuerkennen, gewinnst du etwas ungeheuer Kostbares, nämlich deine Handlungsfähigkeit und das schöne Gefühl, dein Leben in jedem seiner Bereiche so verändern zu können, dass du hierin glücklich und zufrieden bist. Triffst du diese Entscheidung nicht bewusst, entscheidest du dich auch, und zwar für ein Leben im Opfermodus, in Ohnmacht und in der Unfähigkeit, etwas Entscheidendes an und in deinem Leben zu ändern.

Alles in unserem Leben beruht auf unseren Entscheidungen. **Nicht das, was geschieht oder was ein anderer uns gegenüber sagt oder tut, entscheidet über unseren inneren und äußeren Zustand, sondern einzig und allein, wie wir darauf reagieren.** Und diese Reaktion wiederum hängt davon ab, wie es grundsätzlich in uns ausschaut, besonders in unseren Gedanken und Gefühlen. Wir haben die Fähigkeit, anders als der »Normalmensch« im Opferbewusstsein auf das zu reagieren, was in unserem Leben geschieht.

Ob du es bemerkst oder nicht: An jedem Morgen triffst du schon eine Entscheidung, bevor du aufstehst. Wenn du denkst »Ich muss aufstehen«, beginnst du bereits durch das Wörtchen »muss« in deinem Körper Druck und Unwohlsein zu erzeugen. Könnte die Wahrheit lauten: »Ich will, ich kann, ich darf aufstehen und heute wieder einen Tag leben und dieses Leben – innen wie außen – aktiv gestalten«? Du könntest dich auch für einen Gedanken der Dankbarkeit entscheiden wie »Danke für diesen neuen Tag. Danke, dass ich leben, arbeiten, genießen, empfangen und geben darf und kann.« Das fühlt sich sofort ganz anders an. Der Gedanke »Ich muss aufstehen« klingt wie »Scheiße, leider muss ich heute wieder leben«, und dieser Gedanke zieht uns runter. Er senkt die Schwingungsfrequenz in unseren Zellen ab.

Deine Gedanken, Gefühle, Worte und Handlungen sind deine Schöpferwerkzeuge, mit denen du der Welt, dem Leben gegenüber erklärst, wer du sein willst: ein Opfer oder ein Schöpfer, ein Gestalter oder ein das Leben aushaltender, leidender Mensch. Mit der Opferhaltung erschaffst du Mangelzustände, Ohnmacht, Wut, Frust, Scham und Schuld. Willst du das wirklich? Überlege bitte, welche Einstellung du zu dem Wort »Macht« hast. Die meisten finden Macht nicht gut. Sie denken dann schnell an Machtmissbrauch, an die »bösen Mächtigen« dieser Welt und lehnen dadurch Macht für sich selbst ab. Sie bemerken jedoch nicht, dass sie damit eine klare Wahl treffen. Sie wählen damit das Gegenteil, und das ist Ohnmacht. Sie wählen, sich machtlos zu fühlen. Entweder wählst du das eine oder das andere, dazwischen gibt es nichts. Willst du wirklich Ohnmacht? Ohnmacht führt zu einem Gefühl der Lähmung, der Starre, des Feststeckens in Sackgassen.

Macht steht also jedem von uns zur Verfügung, auch wenn er sich noch so machtlos fühlen mag. Macht ist weder gut noch schlecht. Du entscheidest, was du damit machst. Du würdest auch ein Küchenmesser nicht als böse verurteilen und wegwerfen, weil man damit jemanden umbringen kann. **Macht ist Schöpferkraft, das heißt eine Energie, mit der wir in und aus unserem Leben etwas machen können. Lehnst du sie weiterhin ab, fühlst du dich weiterhin machtlos und lädst andere Menschen in dein Leben ein, deine Macht für sich zu beanspruchen.**

Wie in der großen Weltpolitik gibt es kein Machtvakuum. Wenn du nicht dein Lebensfeld aktiv und bewusst bestellst und etwas darauf anpflanzt, wird über kurz oder lang jemand kommen und seinen Nutzen aus deinem Feld ziehen. Er wird es seinem eigenen zuschlagen. Und genau das Gefühl haben heute viele Männer, die sich von anderen dominiert und manipuliert fühlen, sei es von der eigenen Frau, dem Chef, der Wirtschaft, der Regierung oder den »dunklen Mächten« in der Welt. Hierzu gehören aber immer zwei. Einer, der seine Macht nicht beansprucht oder abgibt, und ein anderer, der sie dann über ihn ausübt.

Zu Letzteren gehören nicht nur die vielen Diktatoren und Herrscher dieser Welt. Auch in den meisten Firmen gibt es solche Menschen, meist Männer, hin und wieder auch Frauen. Diese üben ihre Macht allerdings oft eher in ihren Familien über die Kinder und den Mann aus, indem sie sich in vieles einmischen, was sie nicht wirklich etwas angeht. Weil sie mit sich selbst und ihrem bisherigen Weg unzufrieden sind, lenken sie sich im Kümmern oder auch Manipulieren ihrer Nächsten von sich selbst und ihrem inneren unbefriedigenden Zustand ab.

In welchem deiner Lebensbereiche fühlst du dich machtlos, mein Lieber? Wo bist du nicht dein eigener Herr, wo hast du das Gefühl, nicht dein Leben zu leben, es nicht »im Griff« zu haben? Bist du schon bereit, hierfür deine Schöpferverantwortung zu übernehmen und etwas zu ändern? Dieses Buch soll dir nicht nur Mut machen, das jetzt zu tun. Es zeigt dir auch Schritt für Schritt auf, wie das geht.

Kommen wir zur entscheidenden Frage: **Angenommen, du würdest dir deine Macht zurückholen und sie selbst beanspruchen, was willst du dann mit ihr anfangen? Was für ein Leben mit welcher Qualität willst du dann erschaffen? Was für ein Mann willst du sein oder werden?** Wie schon gesagt, wissen die meisten nicht wirklich, was sie wollen, eher das, was sie nicht wollen. Und hierdurch geraten viele Männer auf eine Spur und in eine Lebenssituation, wo sie sich unfrei oder wie in einer Sackgasse fühlen, besonders wenn sie zwischen vierzig und sechzig sind.

Unsere Macht können wir auf zweierlei Weise nutzen und anwenden: bewusst oder unbewusst, mit Liebe oder ohne Liebe. Gehen wir mit Verständnis und Mitgefühl für uns selbst und die anderen daran, sie bewusst einzusetzen, entstehen daraus wunderbare Dinge: Fülle und Erfüllung, Frieden und Zufriedenheit, Freude und Begeisterung sowie wertschätzende, liebevolle Gemeinschaften im Privaten wie im Beruf. Wenden wir sie ohne Liebe an, getrieben von Neid, Gier, Missgunst, Egoismus oder Narzissmus, dann können wir damit sehr viel Erfolg haben, ein Vermögen verdienen und machtvoll andere beherrschen und ausnutzen (wie die Trumps, Erdoğans oder Machiavellis dieser Welt), aber wir werden uns am Ende leer, einsam, verloren und verlassen fühlen. Kurzum, unser Leben wird uns am Ende als sinnlos und vertan erscheinen. Wie unter so manchem Aufsatz in der Schule wird unter unserem Leben dann eines Tages stehen: »Leider Thema verfehlt«.

Apropos Ende des Lebens. Ganz gleich wie alt du heute bist, empfehle ich dir, ein paar Minuten der Frage zu widmen: »Wie will ich am Ende meiner Tage hier im Körper auf mein dann gelebtes Leben zurückblicken?« Anders gesagt: »Welche Qualität von Leben will ich dann gelebt haben?« Und was wird dir dann beim Blick zurück wohl die wichtigste Frage sein? Mein Herz sagt, die wichtigste Frage zu diesem Endzeitpunkt wird für uns alle sein: »Wie viel, wie sehr, wie tief habe ich geliebt in meinem Leben?« Alles andere, dein Geld, deine »Verdienste«, deine Orden, Titel und Wertpapiere werden dir nichts mehr bedeuten. Ich wünsche dir, dass du am Ende nichts zu bereuen oder zu bedauern hast, wie es so viele Menschen tun. Nachzulesen übrigens in einem Bestseller mit dem Titel *5 Dinge, die Sterbende am meisten bereuen*.

3. Was ist eigentlich los mit dir? Eine Zwischenbilanz

Wenn du etwas in deinem Leben ändern willst, darfst du erst einmal schauen, WO du heute stehst. Und WIE du »deinen Mann« im Leben stehst (natürlich auch, wie und ob dein »kleiner Mann« steht). Zu dieser Standortbestimmung und Bestandsaufnahme soll dir dieses Kapitel dienen. Auch wenn es nach Arbeit klingt, ermutige ich dich, die Fragen in diesem Kapitel nicht flugs zu übergehen, sondern dich ihnen mutig zu stellen – wie ein Mann. Drück dich nicht davor, sie dir selbst zu beantworten. Im Beruf würden sich das wenige Männer erlauben, aber wenn es um das Eigene, das Private, das ganz Persönliche geht, vermeiden es viele, genau hinzuschauen. Vielleicht hast du die Frage schon mal von einem Freund gehört: »**Sag mal, was ist eigentlich los mit dir?**« Heute stell ich dir diese sehr offene Frage. Höre bitte nur dreißig Sekunden lang in dich hinein und spüre, was diese Frage in dir auslöst, welche Gedanken, welche Gefühle? Tu es jetzt: Schließ für nur dreißig Sekunden deine Augen und spüre, welche Empfindungen und Gefühle diese Frage in dir auslöst.

Meistens reagieren wir auf solch eine ehrlich gemeinte Frage mit einem achselzuckenden: »Ach Gott, du stellst Fragen. Was soll schon los sein?« Unser Verstand schaltet hier schnell ab, er sagt nicht: »Spannende Frage. Wie viel Zeit hast du?« Andere sagen: »Ach, mir geht's scheiße. Das und dies ist los …«

Dies ist nicht nur ein Buch für Männer, die gerade in irgendeiner Krise stecken. Es ist für alle Männer, die sich auch nur ein wenig für sich selbst interessieren. Und für Fragen wie: »Was läuft hier eigentlich ab? Wie funktioniert Leben eigentlich? Wie ticke ich selbst und wie die anderen? Wie bin ich da gelandet, wo ich heute stehe? Und warum kann ich kaum Freude empfinden, obwohl ich doch schon so viel gemacht und geschafft habe? Was kann ich ändern, was will ich ändern?«

Ich behaupte, das Leben ist nicht kompliziert, es ist nur komplex, das heißt vielschichtig, es hat viele Facetten und Aspekte. Aber im Kern ist das Leben einfach, wie das Wort sagt: Es ist »ein Fach« und nicht zwei, drei oder tausend verschiedene Fächer. Im Leben hängt alles und jedes eng zusammen, und alles funktioniert nach einfachen, verständlichen Prinzipien, Gesetzen oder Regeln. Nichts, gar nichts ist getrennt voneinander, alles ist ganzheitlich bzw. holistisch angeordnet. Nur wir Menschen haben das fragwürdige Talent, die Dinge kompliziert zu machen, bis wir nicht mehr durchblicken und uns Dinge, Zustände und Ereignisse erschaffen, die sich niemand bewusst und freiwillig erschaffen würde. Wir selbst erzeugen –

völlig unbewusst – Schmerz, Enttäuschung, Leid, Mangelzustände, Verlust- und Verlassenheitserlebnisse aller Art. Wir erschaffen uns Krankheit, Krisen und Konflikte mit unseren Mitmenschen. Wir erschaffen den Konflikt mit dem Nachbarn, dem Bruder, dem Kollegen, und wir erschaffen die Kriege auf der Welt, weil in uns selbst ein Krieg tobt.

Der Mensch ist nicht zuerst »des Menschen Feind«. Zuerst ist er sein eigener Feind. Aber nicht von Natur aus, sondern aufgrund dessen, was er gelernt hat, über sich selbst, das Leben und die anderen zu denken und zu glauben. Und aufgrund der Gefühle, die er durch diese Gedanken erzeugt und die er täglich weiterfüttert mit den immer gleichen inneren Monologen, Glaubenssätzen und Überzeugungen. Aus dieser Feindseligkeit, Härte, Strenge, Lieblosigkeit, Abwertung und Verurteilung sich selbst gegenüber und aus seiner inneren Verletztheit, Enttäuschung, Ohnmacht und Wut heraus wird der Mensch und ganz besonders der Mann zwangsläufig zum Kriegstreiber, Brandstifter oder gar Tyrannen in seiner Familie oder seiner Firma. Oder er landet in einer der Sackgassen namens Depression, Sucht oder Burn-out.

Wo stehst du im Moment in deinem Leben?

Die folgenden Fragen helfen dir, einen ersten groben Überblick darüber zu bekommen, wie es im Moment in dir und deinem Leben aussieht. Wer sich diesen Fragen neugierig und offen stellt, der öffnet die Tür für die Antworten, die er mithilfe meines Buches in sich selbst finden wird.

- Wie zufrieden oder unzufrieden warst du in den letzten Monaten oder Jahren mit dir und deinem Leben? Mit was genau warst und bist du nicht zufrieden?

- Ist dein Körper gesund, und fühlst du dich voller Energie und Spannkraft? Wenn nicht, was glaubst du, fehlt dir und deinem Körper?

- Wie viel Freude empfindest du täglich? Wie viele Momente erlebst du am Tag, in der Woche, im Monat, in denen du ein fröhlicher oder gar begeisterter Mann bist?

- Wenn es dir nicht so gut geht, kannst du dann gut für dich sorgen? Bist du dann in liebevoller Weise für dich da? Oder flüchtest du vor deinem inneren Zustand und lenkst dich durch irgendetwas von deinen unangenehmen Gefühlen ab, zum Beispiel durch ein Suchtverhalten?

- Erfüllt dich deine Arbeit mit Freude und Stolz? Oder empfindest du sie als Belastung, Überforderung oder als notwendiges Übel? Tust du in deinem Beruf das, was du zu tun liebst?

- Hast du eine Lebenspartnerin oder einen Partner, mit der/dem du einen gemeinsamen Weg gehst, der von Vertrauen, Liebe, tiefer Nähe und Offenheit geprägt ist?

- Hast du gute Männerfreunde, mit denen du über all deine Themen sprechen und denen gegenüber du dich auch mit deinen schwachen Seiten und unangenehmen Gefühlen zeigen kannst?

- Welches innere und (falls sie noch leben) äußere Verhältnis hast du zu deinen Eltern und Geschwistern (falls du welche hast)? Fühlst du dich ihnen in Liebe, Dankbarkeit und Herzlichkeit verbunden? Wie sehr bist du mit ihnen und den mit ihnen gemachten Erfahrungen wirklich im Frieden?

- Mit welchen Menschen deiner Gegenwart und jüngeren Vergangenheit (Partner, Kinder, Eltern, Nachbarn, Chef, Kollegen/Kolleginnen, Bruder, Schwester und so weiter) bist du nicht im Frieden, sondern empfindest Abneigung, Ärger, Wut, Ohnmacht oder Ausgrenzung?

- Ist dir klar, was du in deinem Leben willst und was dir das Wichtigste in deinem Leben sein soll? Ist dir der Sinn deines Lebens bewusst?

- Was denkst du über dich als Mann und über deine Männlichkeit? Fühlst du dich wie ein vollständiger, männlicher, »richtiger« Mann?

Gönn es dir: Antworte schriftlich und ausführlich! In der ehrlichen Beantwortung dieser Fragen bekommst du erste Hinweise auf deine Themen. Ich spreche – wie gesagt – nicht von »Problemen«, sondern lieber von »Themen«. Und wir alle haben unsere Themen, ich selbst natürlich auch. Sie gehören zum Leben wie das Salz in der Suppe. Am Anfang wirst du vermutlich sagen: »Gott, ich habe so viele Themen!« Doch keine Sorge, im Laufe dieses Buches lernst du, den Wald vor lauter Bäumen zu sehen. Das heißt, du erkennst dein Kernthema und die Folgethemen daraus, und der Wald deiner offenen Fragen lichtet sich. Nach zwanzig Jahren Seminar- und Coachingarbeit komme ich mehr und mehr zu dem Schluss: Letztlich haben wir alle ein einziges Urthema, von dem alle anderen wie Zweige abgehen. Du wirst es entdecken.

Wie sieht es in dir aus?
Die vier Bereiche deines Innenlebens

Ganz gleich, wie alt du heute bist, ziehe jetzt mithilfe dieses Buches eine Zwischenbilanz deines Lebens. Um die Frage »Sag mal, wie geht es dir, wie sieht es heute in dir aus?« leichter zu beantworten, schau dir mit mir gemeinsam die folgenden vier Bereiche an: **deinen Körper** mit seinen Empfindungen, Symptomen und eventuellen Krankheiten, **deine Gefühle** inklusive deines Grundlebensgefühls, **deine Gedanken**, Überzeugungen und Glaubenssätze und **dein (nicht-physisches) Männerherz**, das Zentrum in der Mitte deiner Brust, von dem viele Männer noch nie etwas gehört haben. Zum Hintergrund: **Wir Menschen sind vielschichtig, wir sind physische, emotionale, mentale und spirituelle Wesen.**

Fangen wir mit deinem Grundlebensgefühl an. Wie fühlst du dich meistens oder sehr oft? Gehst du beschwingt, fröhlich, voller Freude oder gar mit Begeisterung durch deine Tage? Kannst du dich über viele Dinge – kleine oder große – noch tierisch oder wie ein kleiner Junge freuen? Wie zufrieden bist du mit dir und deinem bisher gelebten Leben? Bist du stolz auf das, was du bisher gelebt hast, bist du stolz auf deinen Weg? Erfüllt dich Dankbarkeit für das, was dir das Leben bisher geboten hat und bietet?

Sollte es dir an Freude und Begeisterung mangeln, dann muss es andere – weniger schöne – Gefühle geben, die dich belasten. Welche genau sind das? Bei dem einen ist es mehr die Unsicherheit oder Angst, die zuweilen gar in Panikattacken mündet. Beim anderen sind es eher Ärger, Wut und Zorn, im Hintergrund oft verbunden mit Ohnmacht und Hilflosigkeit. Bei manchen sind es Schuldgefühle und ein schlechtes Gewissen, verbunden mit Gedanken des Bedauerns oder Bereuens. Und bei anderen wiederum sind es Kleinheit und Scham, Neid oder Eifersucht, Trauer oder Einsamkeit. Wir Menschen verfügen über eine breite Palette von Gefühlen. Sie ist wie die bunte Farbpalette eines Malers, aber fast alle lehnen die unangenehmen Emotionen ab und finden nur die schönen sympathisch. Das Ergebnis hiervon ist, dass sie entweder kaum etwas in sich fühlen oder eine innere Leere, an Depressionen leiden oder ihnen eins der unangenehmen Gefühle so kräftig zusetzt, dass sie nachts oft nicht schlafen können. In Kapitel 10 »Dein Körper zeigt dir immer deine Wahrheit« und in der dazugehörigen Meditation »Deinen Körper fühlend verstehen lernen« zeige ich dir, wie du lernen kannst, mit allen Gefühlen umzugehen. Hier nur so viel: **Dein Weg zu wahrer Männerfreude und Begeisterung führt mitten durch das Fühlen aller »negativen« Emotionen, die du selbst durch viele Gedanken, Überzeugungen und Glaubenssätze erschaffen hast. Er führt nicht über das Unterdrücken, Ablehnen und Verdrängen, worin Männer bislang Weltklasse sind.**

Eine der Schlüsselfragen, um zu den Ursachen deiner unangenehmen Gefühle zu gelangen, heißt: **Womit in mir, an mir und in meinem Leben bin ich (oft schon lange) unzufrieden, das heißt nicht im Frieden?** Nimm dir – am besten heute noch – zwanzig Minuten Zeit und schreib deine Antworten auf diese Frage auf.

Wie sieht es in deiner Gedankenwelt aus? Herrschen hier Klarheit und Ordnung? Weißt du zum Beispiel genau, was du wirklich willst und was dir das Wichtigste in deinem Leben sein soll? Wenn ich zehn Menschen frage, was sie im Leben wollen, erzählen mir neun von ihnen, was sie nicht wollen. Denn was sie wirklich wollen, das wissen sie nicht. Weißt du es? Dann formuliere es doch jetzt mal kurz in ein paar Sätzen. Das hilft, dir bewusst zu machen, wie klar oder unklar es in dir zu dieser so wichtigen Frage aussieht.

Die meisten Menschen – Männer wie Frauen – leiden unter Unklarheit und Unbewusstheit. Und sie erschaffen hierdurch sehr viel Unordnung, Mangelzustände, Leid, Enttäuschung, Konflikte, Krankheiten und Krisen. Aber sie wissen nicht, dass sie das selbst tun. Sie glauben, Schicksal, Pech oder bestimmte Menschen seien die Verursacher der nicht so angenehmen oder schmerzhaften Seiten des Lebens. Sie schlafen den tiefen Schlaf der Unbewusstheit und kultivieren in sich das Bewusstsein eines »Opfers«.

Kaum einer will tatsächlich ein Opfer sein, aber sie denken sich durch ihre verurteilenden Gedanken, ihre Klagen und Anklagen in einen Opfermodus hinein und fühlen sich dann entsprechend. Wem schiebst du bisher die Verantwortung für die nicht befriedigenden Zustände in dir und deinem Leben zu? Deinen Eltern, Geschwistern, Kindern, Ex-Partnerinnen oder deiner jetzigen Frau? Deinen Kollegen, dem Chef oder den Ex-Arbeitgebern?

Die drei wichtigsten Fragen, die sich jeder in Bezug auf seine Gedankenwelt stellen und beantworten darf, lauten:

1. **Was denke und glaube ich über mich selbst?**
   Das heißt: Was ist mein Bild von mir selbst, mein Selbstbild? Was denke ich über mein Mann-Sein, mein Mensch-Sein, meinen Männerkörper, meinen Wert, meine Talente und über mein bisheriges Leben?

2. **Was denke und glaube ich über das Leben?**
   Das heißt: Wie stehe ich zum Leben selbst? Denke ich, das Leben sei ein großes Geschenk oder dass man im Leben nichts geschenkt bekomme? Denke ich, das Leben sei ungerecht, oft sinnlos, schwer zu verstehen? Oder glaube ich, dass alles im Leben, auch die Krisen, Krankheiten und Konflikte einen tiefen Sinn haben und meinem inneren Wachstum dienen? Glaube ich, das Leben sei »kein Wunsch-

konzert«, »kein Zuckerschlecken«, »kein Pony-
hof«? Oder kann ich mich dem Gedanken öffnen,
dass das Leben die großartige Reise eines Schöpfers ist, der vergessen hat, dass er grenzenlose Schöpferkraft besitzt und jetzt nach und nach erkennt,
wer und was er tatsächlich ist und was in ihm
steckt?

3. **Was denke ich über meine Mitmenschen?**
Das heißt: Welche Menschen mag ich und welche
lehne ich ab, welche verurteile ich? Und was ist es
genau, was ich an anderen nicht mag, was mich
nervt, aufregt, wütend oder ohnmächtig werden
lässt? Glaube ich, dass es von Natur aus gute und
böse Menschen gibt? Was denke ich über Frauen,
was über Männer? Was über Reiche und Arme, über
Unternehmer und Angestellte, Politiker, Manager,
Banker, Penner, Kriminelle, Flüchtlinge, Wähler
rechts- oder linksextremer Richtungen? Und was
denke ich über meine Nachbarn, meine Schwiegereltern, Geschwister und alle anderen Mitglieder meiner Familie?

All diese Fragen hast du schon lange beantwortet.
Nur ist dir – wie uns allen – selten bewusst, was du
genau denkst und glaubst. Ich behaupte: Die über-
wiegende Mehrheit all unserer Gedanken zu diesen
drei Grundfragen entsprechen nicht der Wahrheit.
Sie beinhalten meist Ablehnung, Kritik oder Verurteilung. **Über Menschen, Zustände und Ereignisse den-**

ken die meisten: »Die, der oder das SOLLTE nicht so sein! Ich lehne das ab.« Und mit diesen Gedanken des »NEIN, ich will das so nicht!« erschaffen wir uns selbst die größten Schwierigkeiten in unserem Leben. Ich sage nicht, dass du alles gut finden sollst. Aber etwas, was jetzt da ist, abzulehnen und zu verurteilen, ist nicht sinnvoll, sondern erzeugt Leid und Mangelzustände.

Gehen wir weiter: Wie geht es deinem Körper zurzeit, und wie ging es ihm in den letzten Jahren? Auch wenn noch keine Krankheiten oder massiven Symptome da sind, zeigt uns der Körper genau an, wenn etwas nicht stimmt mit uns und unserem Leben. Letztlich ist es unsere Seele, die zu uns über den Körper spricht. Genauer: durch unsere körperlich spürbaren Empfindungen.

Welche unangenehmen Empfindungen meldet dir dein Körper? Zeigt er Enge, Spannung und Drucksymptome wie Kopf- oder Rückenschmerzen, Druck auf der Brust und Atemprobleme? Fühlt es sich in und auf deinem Körper (besonders auf Brust oder Schultern) schwer an? Hast du das Gefühl, du trägst schwere Lasten mit dir herum oder etwas zerrt und zieht an dir? Pfeift es in deinem Ohr wie der Wasserkessel früher auf dem Feuer? Und wie sieht es mit deiner Beweglichkeit aus? Fühlst du dich eher steif als gelenkig und geschmeidig? Ist dein Männergang beschwingt, oder stakst du steif durchs Leben, als hättest du einen

Stock verschluckt oder würdest einen unsichtbaren Rucksack tragen?

Durch viele Symptome und nicht zuletzt durch Ein- und Durchschlafstörungen »spricht« deine Seele über deinen Körper zu dir und sagt: »Mein Lieber, hörst du mir eigentlich zu? Wie lange willst du meine Botschaften noch ignorieren? Muss ich deutlicher werden?« Nein, du wirst kein Hypochonder, wenn du anfängst, jene Empfindungen klar zu registrieren und deinem Körper insgesamt mehr Aufmerksamkeit zu schenken. Wenn wir nicht auf die kleineren Zeichen hören, sagt die Seele zum Körper: »Geh du vor, auf mich hört er nicht!« Wir Männer sind Weltmeister im Ignorieren solcher Signale und im Durchhalten, als gäbe es tatsächlich eine Ehrenmedaille dafür.

Und nun: Wie steht es um dein Männerherz? Nein, ich meine nicht dein physisches Herz, die wunderbare Pumpe, die vierundzwanzig Stunden am Tag für dich schlägt und pumpt. Ich meine das nicht-physische Herz des Mannes, das kein Chirurg finden kann und das dennoch das entscheidende Herz ist, dein Zentrum in der Mitte der Brust. Dieses Herz kann vor Freude singen, oder es kann gebrochen sein. Und vom Zustand dieses Herzens, davon, ob es offen ist oder verschlossen, hängt unser gesamtes Wohlbefinden und auch der Zustand unseres physischen Körpers ab. Es will uns wie ein Navi dienen und spricht zu uns über das Gefühl von Stimmigkeit oder Nichtstimmigkeit. Es lässt uns sofort spüren, ob sich etwas rund, gut, stimmig und mit Freude verbunden anfühlt: unsere Partnerschaft, unsere Arbeit, die Art, wie wir durch unsere Tage gehen, und vieles mehr.

Wie geht es deinem Herzen, was sagt es dir? Du brauchst keine zwei Sekunden, um seine Antwort auf diese Frage zu hören. Aber hörst du auf diese Stimme deines Herzens?

Besonders »Kopfmänner«, die nur auf ihren Verstand setzen, bestreiten die Existenz dieses Herzens, weil sie es nicht spüren. Das hat seinen Grund darin, dass sie es schon früh in der Kindheit für das Wahrnehmen, Fühlen und Ausdrücken ihrer Gefühle verschlossen haben. Kleine Jungen lehnen es meist früher als kleine Mädchen ab, ihre Emotionen auszudrücken und zu fühlen, besonders solche Gefühle, die wir als schwach bezeichnen: Ängste, Ohnmacht, Scham, Schuld, Kleinheit, Trauer und andere. Aber in jedem Mann steckt auch viel Angst. Die Angst zu scheitern, es nicht zu schaffen, keine Anerkennung zu bekommen. Existenzängste, Beziehungsängste, Ängste vor Krankheit, Verlassenheit und andere.

Dein nicht-physisches, dein spirituelles Herz ist dein wahres Zentrum. Es zeigt dir, wie es wirklich in dir aussieht. Männer machen schon früh ihren oft angstbasierten Verstand zu ihrem Chef im Inneren und verlieren den Kontakt zu jenem kleinen lebendigen Jungen, der sie einmal waren. Und das führt am Ende zu Trauer, Depression, Schuld, Ohnmacht und Energieverlust und nicht selten in den Burn-out.

Wenn das Herzzentrum über längere Zeit ignoriert wird, wirkt sich das auch auf das physische Herz aus. Die Angst und die Weigerung, fühlend nach innen zu gehen, Gefühle der Schwäche zuzulassen, all das macht die Kapillaren eng und lässt das Blut langsamer fließen. Herzinfarkt, Stents und Bypässe sind oft die Folge. Engegefühle in der Brust, Atemprobleme, Herzstiche und Herzrhythmusstörungen wollen uns aufwecken. Sie rufen uns zu: »Du, es stimmt was nicht damit, wie du lebst, was du lebst und mit der Art, wie du mit dir umgehst. Da ist etwas nicht im Lot!« Doch der Mann sagt unbewusst oft nur: »Ich habe keine Zeit. Ich hab zu tun. Ich muss durchhalten.«

Es ist ganz deine Wahl, wie du mit deinen beiden Herzen umgehen willst. Du wählst jeden Tag, ob dein Herzzentrum Anlass hat, vor Freude zu singen. Wenn deine Freude fließt, wenn deine Liebe und deine Lust am Leben und am Mann-Sein fließen, wenn du mit offenem Herzen freudig und liebend durch deine Tage gehst, dann freut sich dein ganzes Energiesystem und auch die Säfte in deinem Körper – Blut, Lymphe, Sperma und andere – können frei fließen.

4. In dir wartet ein kleiner Junge auf dich

Was denkst und fühlst du, wenn du hörst, in dir soll ein kleiner Junge sein? »Richtige« Männer wollen in der Regel nichts von einem Kind hören, das in ihnen leben soll. Diese Vorstellung finden viele als zu »abgefahren« oder einfach »unmännlich«. Dennoch empfehle ich dir, genau dieses Kapitel hier nicht zu überspringen, denn sonst verpasst du das Wichtigste in dir: einen kleinen wunderbaren Jungen, der schon lange auf dich wartet. Er mag sich traurig, ängstlich, wütend, enttäuscht oder einsam fühlen, aber da gibt es einen, der das ändern kann, und der bist DU, der große, erwachsene Mann.

Alles, was du in deiner Vergangenheit erlebt hast, ebenso wie das, was du heute darüber denkst und fühlst, trägst du jeden Tag vierundzwanzig Stunden lang mit dir herum, bestens gelagert in deinem Energiekörper. Alles ist minutiös in dir gespeichert, und es wirkt jede Sekunde auf dich, deinen Gemütszustand und deine Gesamtbefindlichkeit ein. So sind auch die Jahre deiner Kindheit und Jugend, die Jahre von Abhängigkeit, Unfreiheit und Fremdsteuerung mit all den Gefühlen und Gedanken in dir heute noch vorhanden. Alles, was der kleine Junge damals gefühlt und gedacht hat. Und das Ganze ist nicht irgendwo abgelegt in einer leblosen Datei, sondern quicklebendig präsent in dir: in der Person des kleinen Jungen, der du damals warst, ob mit zwei, vier, sechs oder zwölf Jahren.

Auch wenn du das noch kaum glaubst, diesen Jungen kannst du in Meditationen – in geführten Reisen in deine Innenwelt – in seinen verschiedenen Stationen von Kindheit und Jugend sehen, spüren und leibhaftig erleben (zum Beispiel in den Meditationen 1 und 2, siehe Anhang). Du hast diesen Jungen vor langer Zeit verlassen und vergessen, als es hieß, du müsstest jetzt groß und erwachsen werden, weil der »Ernst des Lebens« beginne. Vielleicht hast du sogar schon vor Schulbeginn Verantwortung übernehmen müssen.

Vielleicht denkst du wie viele, dass Vergangenheit doch etwas Vergangenes sei und jetzt in der Gegenwart keine entscheidende Rolle mehr spielen könne. Aber: Nein. Alles, was du in deiner Kindheit und Jugend gelernt hast, über dich, die anderen und das Leben zu glauben und entsprechend zu fühlen, bestimmt wie nichts anderes auch heute noch dein Selbstbild, dein Menschenbild, dein Weltbild und damit dein Selbstwertgefühl und deine gesamte Lebenswirklichkeit. Dies wäre nur dann nicht so, wenn du dich schon ausführlich damit beschäftigt und dich bewusst für ein anderes Denken entschieden hättest. Deine Gedanken, Glaubenssätze und Überzeugungen, gewonnen aus deinen Erfahrungen mit Eltern, Geschwistern oder anderen, bei denen du aufgewachsen bist, steuern auch heute noch weitgehend dein Verhalten anderen gegenüber und deine Beziehung zu Frauen, zu Männern und zu dir selbst.

Aber nicht nur die (oft dich und andere verurteilenden) Gedanken, die du heute denkst, sind die Gedanken des kleinen Jungen in dir. Auch die meisten Gefühle, die andere Menschen oder Ereignisse in dir auslösen – allen voran deine Ängste, deine Wut, deine Unsicherheit und Unzufriedenheit –, hast du schon in deiner Kindheit erzeugt und dann ganz schnell nach innen verdrängt, weil dir niemand erklärt hat, wie man mit Gefühlen gut umgehen kann. All die von dir selbst verdrängten, abgelehnten Emotionen führen – zusammen mit deinen Gedanken – in deinem Körper zu Symptomen und Krankheiten und in deinem privaten wie beruflichen Leben zu Krisen und Konflikten, zu Enttäuschungen und Verlusterfahrungen.

Die Welt ist wie ein Kindergarten

Jeder von uns hat dieses Kind, das er oder sie einmal war, weiterhin in sich. In deinen Mitmenschen kannst du die Kinder dabei viel leichter erkennen. Hast du nicht schon bemerkt, dass deine Abteilung, deine Firma oder dein Arbeitsplatz oft einem Kindergarten ähneln, in dem sich kleine Kinder in erwachsenen Körpern begegnen und sich gern vor die Schienbeine treten, schlecht über andere reden, Klübchen bilden und andere, besonders die »schwarzen Schafe«, die irgendwie nicht »normal« sind, schneiden und ausgrenzen? Und bei deiner Partnerin oder den Frauen davor hast du mit Sicherheit schon oft gespürt: Dann und wann wird sie zum kleinen (zickigen, nörgelnden, wütenden oder hilfsbedürftigen, jammernden) Mädchen. Und genauso wie Frauen, wenn sie unzufrieden sind oder sich angegriffen oder nicht gesehen fühlen, in die Gefühle und in das Verhalten des kleinen Mädchens rutschen, genauso oft fallen Männer aus dem Bewusstsein eines Erwachsenen in das Verhalten eines kleinen (sturen, bockigen, beleidigten, wütenden oder jähzornigen) Jungen. Kennst du die Lieblingsrolle, in die dein kleiner Junge schlüpft, wenn es dir »scheiße« geht? Wenn nicht, frag mal deine Frau oder Ex-Frau.

Aber es sind nicht nur die unangenehmen oder negativen Seiten des kleinen Jungen, die in dir stecken und mehr oder weniger oft dein Verhalten steuern. **In dir sind auch heute noch all die Schätze und wunderbaren Seiten eines kleinen, lebendigen, an Spiel, Spaß und Bewegung begeisterten Jungen vorhanden.** Der Junge, der neugierig war auf das Entdecken und Aufdecken des bisher Unbekannten, an Abenteuer und spannenden Momenten, der viele kleine und große

Dinge noch in vollen Zügen und ganz bewusst genießen konnte, ob es ein Eis war, ein neues Spielzeug oder eine in der Morgensonne glitzernd feuchte Wiese. Es ist ein Kind, das noch mit großen Augen staunen und die vielen Wunder des Lebens und der Natur bewundern konnte.

Dieser kleine Junge in dir hält für dich ein Potenzial an Fähigkeiten und Fertigkeiten, einen Reichtum an Talenten, an Freude und Begeisterung bereit, den du dir kaum vorstellen kannst. Er ist mit allem, was in ihm steckt, mit Schmerzhaftem und Großartigem, der Schlüssel und die Quelle für ein erfüllendes, erfolgreiches und großartiges Männerleben, das du heute noch nicht für möglich hältst. Denn alles, was du heute über dich selbst glaubst, was du über dich, deinen Wert, deine Möglichkeiten und deine Zukunft denkst, ist zum großen Teil das, was der kleine Junge, der du warst, gelernt hat zu denken und zu glauben. Ein paar Beispiele zur Überprüfung: Was fällt dir ein, wenn ich dich frage: »Sag mal, was hältst du an dir für zutiefst liebenswert? Was alles findest du an dir sympathisch, besonders und einzigartig? Was liebst du an dir jenseits von all dem, was du in deinem Leben geschafft und geleistet hast? Welche Eigenschaften, Charakterzüge, Besonderheiten sind es, die dich in deinen Augen von vielen anderen unterscheiden und dich auszeichnen?«

Wenn dir zu diesen Fragen wenig einfällt, dann bist du in guter Gesellschaft mit den meisten Männern.

Willkommen im Club! Nur wenige können sagen: »Ich bin stolz auf mich und mein bisheriges Leben. Ich mag mich selbst sehr, und ich bin mir der erste und beste Freund. Wenn's mir mal nicht gut geht, dann kann ich mich auf mich selbst verlassen und gehe gut mit mir um. Dann nehme ich mir viel Zeit für mich. Ich kann besonders gut zuhören, ich kann mich gut in andere hineinversetzen und mit ihnen mitfühlen. Ich kann komplexe Situationen sehr schnell durchschauen und das Wesentliche vom Unwesentlichen unterscheiden. Und vor allem mag ich meine Lust am Leben. Jeden Morgen freue ich mich auf alles, was der neue Tag mir bringen mag.« Wie wäre das, wenn du so von dir und über dich sprechen könntest?

Ich sage dir eins: Dein Herz wünscht sich sehr, dass du eines Tages so über dich sprichst, und es kennt den Weg dorthin. Die Frage ist nicht, ob dein Herz zu dir spricht, sondern ob du ihm zuhörst. Dieses Buch will ein Vermittler sein zwischen dir und deinem Verstand einerseits und deinem Herzen andererseits. Dieses Herz musste der kleine Junge, der du warst, vor langer Zeit und vor allem aus Angst weitgehend verschließen. Seither ist es dicht für das Fühlen von Gefühlen und auch für den Fluss der Liebe zu dir selbst.

»Du willst doch ein richtiger Junge sein, oder?«

Natürlich wünscht sich jeder Junge, ein »richtiger Junge« zu sein. Im Unterbewussten vieler Menschen, nicht nur der älteren Generation, kursieren immer noch die Klischees vom »richtigen Jungen« und vom »richtigen Mädchen«. Während ein Mädchen im Idealfall nett, brav, fleißig, sauber, klug, gefühlsbetont und hübsch ist, soll der Junge stark, durchsetzungsfähig, fleißig, groß und zupackend sein, einer, der weiß, was er will, selbstbewusst auftritt und sich gegen andere durchsetzt. Zeigt der Junge dagegen Gefühle von Angst, Trauer, Scham, Minderwertigkeit, Verunsicherung oder Hilflosigkeit, träumt er viel herum, wirkt er sensibel oder ist er tief in seiner Gedankenwelt versunken, dann wird ihm von seiner Umwelt im Kindergarten und in der Schule schnell vermittelt, dass etwas mit ihm nicht stimme. Die rhetorische Frage »Du willst doch ein richtiger Junge sein, oder?« gleicht einer schallenden Ohrfeige für den Jungen, der offensichtlich in den Augen anderer noch keiner ist und sich suchend in seine männliche Identität und Rolle hineintastet.

Einem Jungen werden Gefühle der Schwäche wie Angst oder Trauer und erst recht Tränen nicht in dem Maße zugestanden wie kleinen Mädchen. »Stell dich nicht so an! Sei nicht so empfindlich! Bist du ein Mädchen? Reiß dich zusammen!« sind verbale Ohrfeigen, auf die der kleine Junge in der Regel mit tief greifenden Entscheidungen reagiert, die sein Verhalten für die nächsten Jahrzehnte prägen. Weil er natürlich kein Mädchen sein will, weil er weiß, dass er Liebe, Bestätigung und Anerkennung braucht, trifft er für sich eine Entscheidung, die einem inneren Schwur gleicht und sein Verhalten und seinen psychischen wie physischen Zustand zukünftig bestimmen wird. Er schwört: »Ich will mich zusammenreißen und mich anstrengen. Ich werde das, was die anderen nicht an mir mögen, verstecken und nicht mehr zeigen. Denn ich will ›es‹ schaffen.« Was dieses »es« konkret bedeutet, bleibt zunächst im Unklaren. Er weiß vor allem: »Ich muss anders werden. So wie ich bin, bin ich offenbar nicht richtig.« Hier liegt die Geburtsstunde des späteren verunsicherten, verwirrten und frustrierten Mannes.

Manche Mütter der jüngeren Generation werden einwenden, das sei doch heute alles gar nicht mehr so. Man ließe kleine Jungen sogar mit Puppen spielen und fördere ihre Sensibilität und Feinfühligkeit. Es stimmt, dass heute nicht mehr alle Jungen »hart wie Kruppstahl« sein müssen und die kleinen »Indianer« ihren Schmerz zeigen dürfen. Da aber auch Mütter meist nicht gelernt haben, mit ihren eigenen Gefühlen der Angst, Wut und Schwäche konstruktiv und verwandelnd umzugehen, und da sich sehr viele Frauen angesichts ihrer leidenden, jammernden und sich aufopfernden Mütter geschworen haben, nie genauso zu werden, sind sie in den letzten Jahren sehr viel männlicher geworden und haben die Hosen angezogen.

Solche »starken« Frauen, die sich selbst das Schwachsein verboten haben, können kleinen Jungen nicht vermitteln, dass Schwäche und Stärke keine Gegensätze sind, sondern auf das Engste zusammengehören. Der Mensch, der sich seine Schwächen eingestehen kann und sie akzeptiert, der annehmend und sich selbst liebend durch Schmerz, Enttäuschung, Wut und Angst hindurchgeht, dieser Mensch ist ein wirklich starker Mensch. Aber das haben bis heute weder Frauen noch Männer in der ganzen Dimension gelernt oder verinnerlicht.

Und viele Frauen – häufig diejenigen, die einen aggressiven, cholerischen, jähzornigen Vater hatten oder die besonders fortschrittlich oder »spirituell« sein wollen – lehnen die männlich-aggressive Seite ihres Jungen (wie die der Männer) ab, verbieten ihm gar, mit Holzgewehr oder Pistole zu spielen, sich mit anderen Jungen zu raufen und »gefährliche« oder »böse« Sachen zu machen. Schon sein blutiges Knie oder sein angeschlagener Kopf lassen sie in Panik geraten und geben manchem Sohn das Gefühl, jetzt breche die Welt zusammen.

Cool sein – nur ja keine Gefühle zeigen

Mehrere Jahrzehnte dauert schon der Siegeszug eines Wortes, hinter dem sich eine gefühlsfeindliche Haltung verbirgt. Es gehört heute auch bereits zum Sprachschatz älterer Menschen: »cool«. Zwar wird »cool« auf alles angewendet, was im weitesten Sinn »gut«, »super«, »klasse«, »spitze« und »in« ist, aber im Hintergrund bedeutet »cool« noch immer »kühl«, »kalt«, und das heißt: möglichst ohne große Gefühlsäußerungen auftreten, mental stark etwas bringen, was andere bewundern. Ein »cooler Typ« ist in der Regel ein Junge oder Mann, der sich gut verkauft, eine tolle Show abzieht, Erfolg hat und dabei nicht durch Gefühlsintensität, Herzenswärme, Zärtlichkeit, liebevollen Umgang und Mitgefühl auffällt, sondern durch Abgeklärtheit, Selbstbeherrschung, Disziplin, Zielorientiertheit und Durchsetzungsfähigkeit.

Schau dir nur einmal die männlichen wie weiblichen Models in Modeanzeigen an. Von denen lacht so gut wie niemand, stattdessen coole, kalte Abgeklärtheit und trübe Seelenlosigkeit. Es scheint für sie eine Todsünde zu sein, Emotionen zu zeigen. Als ich vor einigen Jahren einen siebzehnjährigen intelligenten und musikalisch sehr kreativen, ausdrucksstarken jungen Mann fragte, was er denn persönlich unter »cool« verstehe, meinte er: »Cool ist, wenn ich mit meiner Freundin schlafe, einen Orgasmus habe, und sie merkt nichts davon.« Kannst du dich vor deiner Partnerin in deiner ganzen Lust und Erregung zeigen? Oder wäre dir das eher peinlich?

Was den Umgang mit unseren Emotionen angeht, leben wir bis heute noch fast in der Steinzeit. Einerseits erschafft jedes Kind im Laufe der ersten Lebensjahre bereits eine Unmenge von Gefühlen, neben der Freude vor allem Angst, Trauer, Wut, Scham und Schuld, andererseits wird es von seinen Eltern abgelehnt, sobald es den unangenehmen Gefühlen Ausdruck gibt, ob es weint oder tobt, bedrückt ist oder ängstlich. Das Kind lernt, dass es mit diesen Gefühlen nicht geliebt wird, ja, dass mit ihm etwas nicht stimmt, dass es nicht in Ordnung ist, wenn es diese Gefühle hat.

Kinder, die ihren Gefühlen deutlich Ausdruck verleihen, drücken bei Mutter und Vater die »Knöpfe« und berühren die Eltern in deren Hilflosigkeit aufgrund der eigenen, lange unterdrückten Wut, Angst oder Trauer. Solche Eltern können mit gefühlsintensiven Kindern kaum umgehen. Sie sind nicht in der Lage, ihnen zu zeigen, wie man Angst, Wut oder Trauer einfach annehmen und fließen lassen kann. So lernen Jungen und Mädchen, ihre Emotionen abzulehnen, zu unterdrücken und zu verdrängen, soweit das einem Kind möglich ist.

Hierbei werden Mädchen und Jungen auf unterschiedliche Weise in ihrem Gefühlsausdruck eingeschränkt und manipuliert. Mädchen wird vor allem klargemacht, sie sollen nicht laut, wild, frech und wütend sein, denn das steht bis heute der Idealvorstellung von einem Mädchen entgegen. Und es führt dazu, dass viele immer noch nicht lernen, ihren Mund aufzumachen und ihre Interessen anzumelden und durchzusetzen. Ein lautes und wütendes Mädchen bekommt hauptsächlich von seiner Mutter gezeigt, dass sie es mit diesem Verhalten nicht liebt. Denn auch sie wurde von ihrer eigenen Mutter von früh an domestiziert, das heißt, ihr wurde »der Hals gestopft« nach dem alten Motto: »Frauen, die pfeifen, und Hühnern, die krähen, soll man beizeiten den Hals umdrehen.«

Das spricht heute niemand mehr im Ernst aus, aber gehandelt wird immer noch danach. Woher haben sonst so viele Frauen ein verschlossenes Hals-Chakra und eine angeschlagene Schilddrüse, die mit diesem Chakra in enger Verbindung steht? Auch die bei Männern seltener, aber bei Frauen sehr häufig vorkommende Migräne ist auf die Unterdrückung der Wut des kleinen Mädchens in ihnen zurückzuführen. Wut will bejahend gefühlt und ausgedrückt werden, zum Beispiel mit einem kräftigen »Nein! So will ich das nicht!« Aber auch heute vermittelt kaum ein Elternteil seinem Kind, dort deutlich Nein zu sagen, wo etwas für es nicht stimmt. Die Folge: Auch als Erwachsene können nur wenige Menschen bewusst Nein sagen, sondern sagen dort Ja, wo sie gar nicht dahinterstehen. Sie verraten immer wieder ihr Herz und bereuen später manche Entscheidung.

Den meisten kleinen Jungen wird im Gegensatz zu den Mädchen sehr früh deutlich gemacht, dass alles Ängstliche, Schüchterne, Traurige, Sensible nicht zu einem »wirklichen« Jungen gehört. Das überträgt er auf alles, was im weitesten Sinne als »Gefühlsduselei« bezeichnet wird, und es bildet die Grundlage seiner späteren Coolness beziehungsweise Gefühlskälte und Herzverschlossenheit. Wer diese Einstellung zu seinen Gefühlen verinnerlicht, der darf sich nicht über spätere Herzkrankheiten wundern. Denn die biologische Pumpe Herz steht in enger Wechselwirkung mit dem Herz-Chakra, das der Junge früher und systematischer als das Mädchen verschließt. Diesem Verschließen liegt eine innere Entscheidung des Jungen zugrunde, der sich bewusst oder unbewusst sagt: »Ich will nicht mehr fühlen. Denn Fühlen ist unmännlich. Richtige Männer fühlen nicht, sie denken, handeln und beherrschen sich.«

So verschiebt der Junge seine Aufmerksamkeit von seinem fühlenden Herzen hin zu seinem denkenden Verstand. Er geht in den Kopf, in das Denken und tut in Zukunft alles, um sich zu kontrollieren und um diese Kontrolle nicht zu verlieren. **Denn die Kontrolle zu verlieren, geht mit dem Gefühl von Hilflosigkeit und Schwäche einher, und das gestattet sich weder ein »richtiger« Junge noch ein »richtiger« Mann. Und** je konsequenter er in Kindheit und Jugend versucht, das Schwachsein abzulehnen und zu vermeiden, desto gewisser wird es ihn ein paar Jahrzehnte später zu Boden zwingen.

Ohne die Liebe wirkt Schöpferkraft zerstörerisch

Paradoxerweise führt ihn genau dieser Schritt hin zur Kontrolle durch den Verstand später in immer größer werdende Hilflosigkeit und macht ihn zu einem schweigenden oder zuweilen jähzornigen Mann. Denn der Mann ist von seiner Natur her in seinem Inneren ein Vulkan, dessen Feuer gelebt werden will. Nicht in Form destruktiver Ausbrüche oder zerstörerischen Verhaltens gegenüber seiner Umwelt, nein, der Mann will für etwas »brennen« und sich mit ganzem Herzen, mit großer Freude und Liebe in die Welt einbringen. Die Aggressivität und das zerstörerische, verantwortungslose Verhalten vieler Männer, gerade in der Wirtschaft, kommt nicht daher, dass Aggression von Natur aus »böse« oder »schlecht« wäre, sondern weil der Mann nicht gelernt hat, sie mit der Liebe seines Herzens zu verbinden und auf diese Weise etwas Konstruktives, Schönes, Nützliches zu erschaffen. Die Grundenergie »Aggression« heißt: Ich packe etwas an, ich mache etwas Neues, ich setze etwas mit Begeisterung, mit Feuer und Flamme um.

Wenn du dich selbst und den Sinn deiner bisherigen Erfahrungen verstehen willst, darfst du dich öffnen für den kleinen Jungen, der in dir steckt wie in jedem Mann. Dieser Junge ist wie gesagt keine Fantasiefigur, sondern ein lebendiges Wesen voller Gefühle, das sich danach sehnt, endlich vom »großen Mann« wahrgenommen zu werden. Er sehnt sich seit der Kindheit nach Aufmerksamkeit, Wertschätzung, Lob und Liebe. **Allerdings glaubt dieser Junge immer noch, diese Liebe müsse von Mutter oder Vater kommen. Aber die beiden können für den Kleinen heute nichts mehr tun, denn sie sind einfach nicht mehr zuständig für ihn. Für diesen Jungen darfst und kannst du selbst, der erwachsene Mann, jetzt die Verantwortung übernehmen und lernen, deine Wahrnehmung und dein Herz für ihn zu öffnen, ihn zu verstehen, anzunehmen und zu lieben. Er sucht Liebe, Geborgenheit, Verständnis und Freundschaft – und zwar bei dir.**

Bei allem, was du als Mann erlebst, ob du arbeitest oder mit einer Frau zusammen bist, spielt dein kleiner innerer Junge eine Hauptrolle. Er ist die Schlüsselfigur für die Entstehung wie für die Lösung deiner Probleme mit Frauen, mit Kollegen, Chefs und anderen. Du kannst seine Bedeutung für ein Leben in Freude, Frieden und Freiheit nicht hoch genug einschätzen. Er ist die Person, die du als Erstes wirklich wahrnehmen und lieben lernen darfst, ja, er ist die Tür zu deiner Selbstliebe. Warum? In ihm ist all die

Lebendigkeit, Freude und Begeisterung, die Lebenslust, Kreativität und spielerische Leichtigkeit gespeichert, die du für ein wunderbares Männerleben brauchst. In deinem kleinen Jungen ist Power pur enthalten. Aber zugleich ist er auch der Träger all der Gefühle, die du seit deinen ersten Jahren auf dieser Erde abgelehnt hast zu fühlen. Und diese Gefühle kommen heute immer dann in dir hoch, wenn es dir schlecht geht.

Wenn ein anderer Mensch, zum Beispiel deine Frau, dich spüren lässt, dass sie nicht sehr viel von dir hält, wenn sie dir Vorwürfe macht, du seiest zu wenig einfühlsam, hilfsbereit oder präsent, du hättest dies oder jenes nicht oder anders machen sollen, dann wird der kleine Junge in dir aktiviert. Entweder reagierst du verärgert, wütend oder enttäuscht, trotzig oder traurig, mit Schweigen oder mit Türenknallen, oder du schüttelst nur den Kopf über »die Frauen«, die Männer einfach nicht verstehen, und verkriechst dich in deine Arbeit, in den Keller, vor den Fernseher oder deinen PC. Der kleine Junge in dir fühlt sich dann wieder einmal schuldig und hat das Gefühl, es mal wieder falsch gemacht zu haben.

Wer seine Trauer nicht fühlen will, kommt auch nicht an seine Freude

Achte beim nächsten Mal nicht nur darauf, wie du äußerlich reagierst, sondern nimm dir Zeit zu spüren, welche Gefühle in deinem Inneren ausgelöst werden, entweder von deiner Frau oder von deinem Kind oder deinem Chef. Denn diese Personen sind nicht die Ursache deiner Gefühle, sondern sie kitzeln sie hoch, sie drücken deine Knöpfe und lösen Ängste, Wut, Trauer, Trotz, Kleinheit, Schuld- oder Schamgefühle in dir aus und lassen dich dann manchmal ziemlich alt aussehen.

Es ist nicht zynisch gemeint, wenn ich sage: Diese »Knöpfedrücker« brauchst du dringend. Sie sind ein Segen für dich, auch wenn du noch nicht weißt, worin der Segen liegen soll. Dir geht es ja erst einmal »scheiße«, wenn so ein Gefühl in dir hochkommt, oder? Diese Knöpfedrücker nenne ich gern unsere »Arsch-Engel«, weil unser Kopf sie (in dieser Situation) für einen »Arsch« hält, sie aber in Wirklichkeit Engel sind, die uns den Weg ins Aufwachen und zum wahren Mann-Sein unerbittlich zeigen.

Für den Umgang mit diesen Gefühlen oder Emotionen hast du keine Ausbildung vorzuweisen, keinen Führerschein und kein Diplom. Der gekonnte Umgang mit Gefühlen ist für die meisten Männer, junge wie ältere, ein noch unbekanntes Land, das erforscht werden will. Aber wenn sie das Land der Gefühle in dieser Zeit wirklich kennenlernen und zu einem bekannten Terrain machen, dann stoßen sie die Tür zur Freiheit von der Vergangenheit weit auf und werden zu wirklichen Männern.

Jedes Männerherz sehnt sich nach einem lust- und liebevollen Leben in Begeisterung, Erfüllung und Freiheit. Freiheit ist ein ganz zentrales Thema des Mannes. Um aber jene Begeisterung und Lebenslust wieder zu wecken und wahrzunehmen, die in dem Kind stecken, das du einmal warst, und sie in gelebtes Leben umzusetzen, brauchst du den Zugang zu diesem kleinen Jungen. **Du brauchst den Zugang zum freiwilligen Fühlen deiner bisher abgelehnten Gefühle. Denn wer seine Trauer nicht fühlen will, kommt auch nicht an seine Freude heran. Wer seine Ängste nicht als eigene Schöpfungen begreift und nicht mit offenem Herzen fühlt, der kommt auch nicht ins Land der Freiheit.** Warum glaubst du, ist Marlboro zur führenden Zigarettenmarke geworden? Weil die Sehnsucht nach Freiheit so tief im Herzen der Männer verankert ist.

Der Weg zu einem Ziel wie der Freiheit führt paradoxerweise immer über die Wahrnehmung, Annahme und liebende Verwandlung des Gegenteils in uns, nämlich aller Unfreiheit, das heißt aller Ängste, aller Wut, aller Ohnmacht. Der Weg zur Freude führt durch Trauer und Depression. Der Weg zu Selbstbewusstsein und Kraft führt entsprechend durch Gefühle der Schwäche, der Scham, Schuld und Minderwertigkeit. Der Weg zum Frieden führt durch allen Unfrieden in uns, aber niemals über die Ablenkung und Verdrängung der ganzen unfriedlichen und unfreien Vergangenheit, die tief in uns gespeichert ist und die wir bis heute ablehnen. Der Schlüssel zu allem heißt LIEBE. Und wie der Mann sich selbst und alles und alle um sich herum lieben lernt, davon handelt dieses Buch.

Männern wird von vielen Frauen vorgeworfen, sie seien inkompetent im Umgang mit Gefühlen, und auf die Mehrzahl der Männer trifft das heute auch tatsächlich zu. Denn der kleine Junge von damals musste sein Herz verschließen. Er musste in dieser Zeit der Abhängigkeit ins Denken, Kontrollieren, Anpassen, Zusammenreißen und ins Machen gehen, um die Erwartungen seiner Umwelt zu erfüllen. In diesem Prozess blieb der innere kleine Junge mit seinen vielen Gefühlen einsam und traurig auf der Strecke. Wenn du ein lebendiger, von dir selbst und dem Leben begeisterter Mann sein oder werden willst, dann führt der Weg dorthin über diesen kleinen Jungen, der in deinem Inneren auf dich wartet. Du kannst ihm – wenn du willst, jetzt gleich – in einer Meditation begegnen, auf einer Reise nach innen. Hier kannst du die Meditation auf dein Smartphone oder deinen Computer herunterladen:

www.robert-betz.com/wahrhaftig-mann-sein

Bei dieser Begegnung siehst und erlebst du dich selbst als den kleinen Jungen von damals, du fühlst mit ihm, sprichst mit ihm und öffnest ihm dein Herz. Du kannst ihm helfen, seine unwahren Gedanken über sich zu korrigieren, seine Gefühle zu bejahen und fließen zu lassen und die Freude am Leben zurück-zugewinnen. Bist du bereit, ihm und damit dir selbst dieses Geschenk zu machen? Wenn ja, warum fängst du nicht gleich damit an?

Eine wirkungsvolle Brücke, die dich zu deinem klei-nen Jungen und seinem Herzen führt, baust du, wenn du ein Bild von dir zwischen zwei und sechs Jahren hervorkramst oder dir eins von deinen Eltern oder Geschwistern holst. Vergrößere es, kauf einen schö-nen Rahmen und stell es an einen Platz zu Hause, wo du es oft anschauen kannst. Oder hol dir das Gesicht des Jungen auf dein Smartphone und als Bildschirmschoner auf deinen Rechner. Und dann fang an, ihm regelmäßig ein paar Minuten zu gön-nen. Schau ihm am Anfang nur mal eine Minute lang in die Augen und fang an, sein Lebensgefühl wahr-zunehmen, egal ob er lacht oder traurig aus dem Bild schaut. Nach und nach kannst du anfangen, zu ihm zu sprechen, während du dich in ihn und sein Lebensgefühl hineinversetzt. Du kommst dir selbst als Mann und deinen oft früh verdrängten Gefühlen dabei näher.

Wenn du peu à peu eine innere Beziehung zu dem kleinen Jungen in dir entwickelst, kommt etwas lange Verschüttetes in dir in Bewegung. Seine Lebensfreude, sein Vertrauen in dich und deine Liebe und Anerkennung sind die Basis für deine eigene Lebensfreude als Mann. Es klingt paradox. Aber erst wenn das Kindliche in dir wieder von dir gesehen und gespürt wird, kommt Leben in deine Bude. Die Spiel- und Lebensfreude des Jungen in dir ist die Quelle für die Freude des erwachsenen Mannes an seinem Leben. Ihr beide dürft und könnt ein wunderbares Team werden, denn der Kleine in dir hat dir viel zu bieten. Solange Männer dies aber als »kindisch« oder »blöd« abtun, laufen sie weiter mit ihren traurigen, ängstlichen und verschlossenen Gesichtern durch die Welt.

Denk noch mal daran, was und womit du als Junge und als Jugendlicher gern gespielt hast. Wobei hast du alles um dich herum vergessen? Wobei hat dein Herz vor Freude gejubelt? Wann und warum hast du irgendwann damit aufgehört? Und was hätte der Junge damals gern unternommen oder gespielt, durfte oder konnte es aber nicht, aus welchen Gründen auch immer? Du kannst heute manches davon aufgreifen und mit ihm diese Dinge machen. Ich habe mir mit vierundsechzig Jahren die erste Tischtennisplatte meines Lebens gekauft, denn die gab es vorher nur im Internat, wo ich im Alter von zehn bis dreizehn war. Und auch wenn du es albern findest, ich habe heute Spaß an der Schaukel in meinem Garten – ebenso wie die erwachsenen Frauen und Männer, die sie dort entdecken. Sie ist für zweihundert Kilo Gewicht ausgelegt, sodass ich mir um sie und um die Schwergewichte unter meinen Gästen keine Sorgen machen muss. Und wenn ich bei mir zu Hause auf der Insel Lesbos bin, dann gehören die Boule-Spiele der Woche mit meinem Freund Steffen dort zu meinen schönsten Stunden.

Wann kommst du zu mir?

Komm zu mir, komm, hör mir zu –
möcht gern toben, wild sein, lachen,
möcht gern Unsinn mit dir machen –
mal Pirat, mal Winnetou.

Weißt du noch? Es scheint so fern:
Dunkel war's, ich saß am Feuer,
und es war ein Abenteuer
jedes Knistern, jeder Stern.

Und das Meer, es war so groß ...
Ich wollt' alle Schiffe entern!
Nein, ich fürchtete kein Kentern –
hoch die Segel, Anker los!

Denkst du noch ans Haus im Baum?
Hoch und über allen Dingen
saß ich, konnte Lieder singen
von so manchem großen Traum.

Lang schon sitz ich nun in dir,
träum noch immer unsre Träume,
wart' durch Zeiten und durch Räume –
sag, wann kommst du wohl zu mir?

Nimmst du mich ins Herz hinein?
Lässt du mich nach all den vielen
Jahren endlich wieder spielen,
wird dein Mann-Sein Freude sein!

ANDREA GEGNER

5. Was tust du alles für Anerkennung, Lob und Liebe?

Wenn der kleine Junge damals etwas gelernt hat, dann war es das: »Ich will, dass andere mich gut finden. Ich brauche mindestens einen Menschen, der mich mag, liebt, lobt und mir das Gefühl gibt, dass ich etwas wert bin.« Und um diese Aufmerksamkeit, Anerkennung, Wertschätzung und Bestätigung seines Werts zu bekommen, fing er an, die Erwartungen, Wünsche oder Forderungen von Papa, Mama oder einer anderen Person zu erfüllen. Damals hatte er keine andere Wahl.

Wie war das in deiner Kindheit? Was wollten dein Papa und deine Mama von dir? Wann warst du für sie okay? Wann haben sie dich – wenn überhaupt – gelobt? Und was solltest du nach ihren Erwartungen nicht sein? Wofür haben sie dich kritisiert, ausgeschimpft oder bestraft, vielleicht sogar geschlagen?

Mach dir bitte bewusst: Die ersten fünfzehn und mehr Jahre deines Lebens war es deine Aufgabe, so zu sein und das zu tun, was ANDERE von dir wollten. Du brauchtest die Energie ihrer Aufmerksamkeit, um einigermaßen über die Runden zu kommen.

Aufmerksamkeit, Zuwendung und Lob sind feinstofflliche Nahrungsmittel für die Seele. Du konntest nur dann mit dir zufrieden sein und dich selbst okay finden, wenn die Erwachsenen es taten.

Vielleicht warst du möglichst brav, ruhig und angepasst, du warst mehr oder weniger fleißig oder hast dich zumindest angestrengt. Oder du hast auf andere Weise versucht, Mamas oder Papas Zuwendung und Zuneigung zu erhalten, zum Beispiel dadurch, dass du dich auf die Seite von einem der beiden – bei den meisten war es die Mama – gestellt hast und gegen den anderen – meist also den Vater. Und wieder andere haben gemerkt, dass selbst negative Aufmerksamkeit vonseiten der Eltern immer noch besser ist, als ignoriert oder übersehen zu werden. Das waren die Rebellen, die vor allem durch Verweigerung, »Nein« sagen, Rückzug oder durch allerlei »Blödsinn« auffielen, für die sie regelmäßig Kritik oder eine »Abreibung« kassierten.

Deine Art und Weise, dir von anderen etwas zu holen, hat auf dein Männerleben bis heute einen enormen Einfluss. Was tust du bis heute alles, um von anderen gemocht, anerkannt und in deinem Selbstwert bestätigt zu werden? Was ist dein wahres Motiv für all das, was du tust, sowohl in deinem Beruf als auch in deinen privaten Beziehungen? Männer suchen bis heute noch in der Mehrzahl ihre Anerkennung im Außen durch das, was sie tun. Ein »richtiger« Mann ist in ihren Augen einer, der viel tut und schafft, damit andere mit ihm zufrieden sind und ihn dafür loben oder in seinem Selbstwert bestätigen. Es ist eine ständige Suche, die für viele zur Sucht und zugleich zu einer Flucht vor sich selbst wird. Indem wir im Außen darauf schauen, dass andere, die Frau, die Familie, der Chef oder die Freunde, mit uns zufrieden sind oder uns loben und wertschätzen, laufen wir durch dieses Geschäftigsein und die häufige Selbstüberforderung genauso vor uns selbst weg wie durch unsere Süchte. **Und die größte Sucht des Mannes ist die Sucht nach Erfolg, die er meist in der Arbeit oder im Sport, in der »Arbeit« mit und am Körper, sucht.**

Dieser Weg führt jetzt immer mehr Männer in eine Sackgasse mit enormen körperlichen und psychischen Folgen, vom Bypass über Rückenschmerzen bis zum Bandscheibenvorfall, von Impotenz bis zum völligen Zusammenbruch im Burn-out. Das Gefühl sagt dann: »Ich habe keinen Bock mehr« oder »Ich kann nicht mehr!« **Und dieser Zustand, so schmerzlich er sein mag, ist die nötige Ausgangssituation für eine grundlegende Wende im Männerleben. Und die darf erst einmal im Inneren des Mannes stattfinden.** Männer fragen in solchen Situationen meist: »Was kann ich tun? Was kann ich im Außen ändern, damit es mir besser geht?«

Aber der Weg zu einem wahrhaft glücklichen Mann-Sein beginnt nicht im Außen, sondern im Inneren, also auf einem Gebiet, auf dem sich die meisten Männer unsicher bis inkompetent fühlen, im Bereich der eigenen Gedanken und Gefühle. Die 180-Grad-Wende im Leben eines Mannes beginnt dort, wo er begreift: Ich bin bisher vor mir selbst weggelaufen, indem ich ständig im Außen aktiv war und mein Denken nur dafür eingespannt habe, wie ich dort noch besser, erfolgreicher, leistungsfähiger werden und bei anderen punkten kann. Die Wende und der Wandel beginnen mit der Kehrtwende in die Aufmerksamkeit zu sich selbst und auf das eigene Innenleben. **Die erste wahrhafte Aufgabe des Mannes ist es, sich selbst zu finden, nachdem er sich jahrzehntelang in der Welt, im Außen verlaufen und verloren hat. Darum fühlt er sich innerlich häufig leer und ausgebrannt, weil die Anerkennung durch andere keine wirkliche Nahrung darstellt, durch die er satt werden könnte.**

Wenn dir das noch nicht einleuchtet und dein Denken bisher nur »Bahnhof« versteht, dann sage ich es noch mal auf andere Weise: All das, was du dir in Kindheit und Jugend von anderen gewünscht und was du auch von ihnen gebraucht hast, Anerkennung, Wertschätzung, Bestätigung, Lob und vor allem Liebe (ganz gleich wie viel du davon damals bekommen hast) –, all das kannst du dir heute selbst schenken, anstatt wie ein Geier im Außen bei anderen danach zu suchen. Hier haben die meisten Männer (und auch Frauen) bisher einen blinden

Fleck: Sie erkennen diesen Weg in die Freiheit (noch) nicht.

Es ist nach wie vor der kleine Junge im Mann, der glaubt, die Liebe von anderen zu brauchen. Aber was er jetzt wirklich braucht, ist deine Liebe, die Liebe des großen Mannes zu seinem kleinen Jungen, der ihn bis heute in seinem Verhalten steuert, sowohl in der Beziehung zu einer Partnerin als auch in der zu einem Chef. Beide sollen ihm etwas geben, das er sich selbst verweigert. Seine Selbstwertschätzung macht er von deren Gunst abhängig.

Darum glauben viele Männer, sie bräuchten unbedingt eine Beziehung zu einer Frau. Dieser Gedanke des Brauchens ist der Ausdruck eines Mangelbewusstseins, das nur eine Frau anziehen kann, die auch glaubt, jemanden für ihr Glück zu brauchen. Aus diesem Denken heraus erschaffen wir uns dann »Verbrauchergemeinschaften«, in der einer vom anderen etwas haben will, was er sich selbst bisher nicht gibt.

Es klingt für deinen Kopf vermutlich etwas unmännlich. **Aber die erste Aufgabe eines Mannes, der den Anspruch auf ein glückliches Männerleben erhebt, heißt: Ich darf mich selbst annehmen und lieben lernen, so wie ich bin. Ich darf mich erst einmal liebevoll und geduldig auf die innere Beziehung zu mir selbst konzentrieren. Diese Haltung nennt man Selbstzentriertheit,**

und sie hat absolut nichts mit Egoismus oder Egozentrik zu tun. Im Gegenteil: Männer, die sich selbst nicht lieben und nicht lernen, gut und immer besser für sich zu sorgen, werden mit der Zeit zu einer Belastung für die, die sie lieben, für Frau, Kinder, Freunde und andere, ebenso für Mitarbeiter, Kollegen und Chefs.

Das, was die meisten Männer bisher leben, ist von Liebe weiter entfernt als der Mond von der Erde. Was die meisten sich antun, die Härte, der Druck, die Hetze und die einseitige Ausrichtung auf die Arbeit und das Schaffen, der Missbrauch beziehungsweise die Unbewusstheit im Umgang mit dem eigenen Körper, all das ist Unliebe pur. Es ist Selbstquälerei und Selbstfolter. Und gespeist wird dieser Weg ins Leiden vor allem durch Angst.

So finden sich die meisten Männer in einem Druck- und Anstrengungsprogramm gefangen, das sie wie ein Hamster im Laufrad laufen lässt. Sie funktionieren, bringen Leistung und halten so gut wie möglich durch, aber »ein gutes Leben« kann man das nicht nennen. Für dieses Druckprogramm haben sie selbst in ihrer Kindheit die Grundlage gelegt: durch die vielen Gedanken des Müssens, Sollens und Nicht-Dürfens. Du kennst sie:

- »Ich muss es schaffen!«
- »Ich muss durchhalten!«

- »Ich sollte eigentlich schon mehr geschafft haben!«
- »Ich sollte sportlicher, erfolgreicher, disziplinierter, ausgeglichener, gesünder etc. sein!«
- »Ich darf mir keine Schwächen leisten!«
- »Ich darf und will nicht scheitern!« und so weiter.

6. Männer haben Angst und laufen vor ihr weg

Wovor Männer am schnellsten weglaufen, das sind ihre Gefühle, allen voran ihre Ängste. Wir bekamen nie eine Gebrauchsanleitung für den Umgang mit Gefühlen. Ja, wir haben sogar Angst vor unseren Ängsten, weil wir uns ihnen oft hilflos ausgeliefert fühlen, wenn sie in uns aufsteigen. Sie sind für uns ein Ausdruck von Schwäche ebenso wie die Gefühle Ohnmacht und Hilflosigkeit. **Welcher Mann kann sich schon sagen: »Ich bin stark, und ich darf auch schwach sein, ich darf auch Angst haben«?** Oder: »Ich öffne mein Herz für die schwachen Seiten in mir und lenke meine Aufmerksamkeit auf sie, ich interessiere mich für sie«?

So tun wir alles Mögliche, um uns von unseren Ängsten abzulenken, sie zu unterdrücken und vor ihnen wegzulaufen. Männer benutzen hierzu vor allem ihre Arbeit, den Sport in aktiver oder passiver Form, die Beschäftigung im Außen mit irgendwelchen Dingen wie Haus oder Auto. Hinzu kommt der Einsatz von Pillen, Alkohol, Nikotin, Drogen und Energydrinks entweder zum Schlafen und Wegbeamen oder zum

Aufputschen, Durchhalten und für den Kick, um das selbst erzeugte Anstrengungsprogramm durchzustehen. **Wie gehst du selbst mit deinen Ängsten um, wenn sie sich zu Wort melden?**

Ich möchte dich ermutigen, einen großen Schritt in Richtung wahrhafter Männlichkeit zu tun. Wenn du ein echter, authentischer Mann sein oder werden willst, der auch von anderen so wahrgenommen wird, dann führt dein Weg dorthin mitten durch deine Ängste. Wenn du die tiefste Wahrheit über dich erfahren willst, über das, was und wer du wirklich bist und was in dir angelegt ist, dann darfst du dich mutig und vertrauensvoll all deinen Ängsten zuwenden. Spür mal hinein, ob du geistig gerade in eine Abwehrhaltung gehst. Ich könnte es gut verstehen, denn das hier ist das absolute Gegenteil von dem, was wir Männer seit vielen Jahrtausenden gelernt und gemacht haben.

Solange wir so tun, als ob, als hätten wir keine Ängste, keine Schwächen und wären nicht auch verletzlich, so lange machen wir unseren Mitmenschen und vor allem uns selbst was vor. Wir spielen ein falsches Spiel, wir lügen und betrügen uns selbst, ohne es bewusst zu wollen. Wir leben nicht unsere Wahrheit – und das fliegt immer irgendwann auf. Für gewöhnlich sind wir Männer dabei auch noch schlechte Schauspieler. Nicht nur die eigene Partnerin, die Kinder, auch unsere Freunde, Kollegen und Mitarbeiter sehen und spüren, dass manches an uns unecht und gespielt ist. Da jedoch nur wenige von ihnen selbst ihre innere Wahrheit leben, hat kaum jemand den Mut, uns auf den Widerspruch zwischen Schein und Sein anzusprechen.

Angst entsteht durch unsere eigenen Gedanken. Das heißt, wir selbst erschaffen unsere Ängste durch Gedanken, die wir aus den Erfahrungen in Kindheit und Jugend gelernt haben zu denken. Wir selbst waren und sind also Schöpfer unserer eigenen Ängste. Und nicht selten übernehmen wir als Kind Ängste und Lebensmuster von denen, von denen wir abhängig sind, von Mutter oder Vater. Welche der folgenden Angst erzeugenden Gedanken hast du selbst schon mal gedacht? Und welche von ihnen glaubst du auch heute noch?

- »Ich muss es schaffen!«
- »Ich könnte ›es‹ nicht schaffen! Ich könnte scheitern!«
- »Ich könnte meine Ziele nicht erreichen.«
- »Ich könnte Fehler machen.«
- »Ich könnte allein bleiben.«
- »Ich könnte krank werden.«
- »Ich könnte meine Frau (oder meine Kinder) verlieren.«
- »Ich könnte meinen Job oder meine Firma verlieren.«
- »Ich könnte mein Geld verlieren.«
- »Ich könnte auf der Straße landen.«

- »Ich könnte mich blamieren.«
- »Ich könnte falsche Entscheidungen treffen.«
- »Ich könnte als Mann (als Vater, als Führungskraft) versagen.«
- »Jemand könnte mein Vertrauen missbrauchen, mich hintergehen.«
- »Ich könnte impotent werden.«
- »Ich könnte von jemandem abhängig werden.«
- »Ich könnte zu früh sterben.«
- »Ich könnte mein Leben umsonst gelebt haben.«
- »Ich könnte den Sinn meines Lebens verpassen.«

Prüfe bitte bei jedem dieser Gedanken, ob er für dich »Ladung« hat, das heißt, wie stark deine innere Reaktion auf ihn ausfällt. Wo kannst du dir ehrlich sagen: »Ja, ich habe Angst, dass genau dies passieren könnte.« Solange du dir nicht zugestehst, dass du – ganz gleich ob bewusst oder unbewusst – solche Gedanken denkst und es für möglich hältst, dass genau das eintrifft, wovor du Angst hast, behalten diese Gedanken ihre Macht über dich. Du fühlst dich ihnen ausgeliefert, obwohl du selbst dich entschieden hast, sie zu glauben. Da das schon lange zurückliegt und meist unbewusst geschah, kannst du dich wahrscheinlich nicht mehr daran erinnern. Aber niemand anders als du selbst hat sich einmal dafür entschieden, sie zu denken und zu glauben.

Das ist nichts Schlimmes, und es war kein »Fehler«. Solange wir jedoch nicht genau hinschauen und aufdecken, was uns bedrohlich erscheint und welchen Ängsten wir über viele Jahre immer wieder Nahrung gegeben haben, müssen sie Wirkung zeigen, sowohl in uns als auch in unserer äußeren Wirklichkeit. Denn Ängste wirken wie ein Magnetismus: Sie ziehen genau das an, wovor wir Angst haben. Und je größer sie sind, desto größer ist die Wahrscheinlichkeit, dass das Befürchtete Wirklichkeit wird. Erinnere dich: Gedanken sind schöpferisch tätige Energie, sie erschaffen unsere innere Wirklichkeit (unsere Befindlichkeit) ebenso wie das, was uns im Außen geschieht.

Was kaum jemand bemerkt, ist, dass das, wovor wir Angst haben, in unserem Geist, in unserer inneren Vorstellung schon geschehen ist. Das ist ein kreativer Akt und bildet erst die Voraussetzung dafür, dass das Befürchtete dann auch im Außen eintreten kann. Falls es dir schwerfällt, das zu glauben, überprüfe es an dir selbst. Falls du zum Beispiel die Angst kennst, deine Partnerin könnte mit einem anderen Mann fremdgehen: Hast du dir so etwas nicht schon vor deinem inneren Auge vorgestellt und sie im Geist schon in den Armen eines anderen gesehen? Du kannst damit jede deiner Ängste überprüfen. Damit möchte ich unterstreichen: Alle Ängste haben wir uns selbst erschaffen oder von Vater oder Mutter übernommen. Auch die kollektiven Ängste wie zum Beispiel die Angst vor Krieg, Terrorattacken oder weiteren Flüchtlingsströmen aus Afrika haben nur dann Wirkung auf dich und Macht über dich, wenn du dich unbewusst dafür entscheidest, sie zu übernehmen oder zu behalten.

Die Angst ist also nicht unser Feind, sondern unsere eigene Schöpfung. Und wie alles, was wir selbst erschaffen haben, wartet auch dieses »Baby«, wie ich unsere Gefühle gern nenne, darauf, von uns fühlend angenommen zu werden. Angst ist eine Energie, die sich für den Betroffenen sehr wirklich anfühlt, nicht erst, wenn sie zur Panik wird, wie das bei mir selbst der Fall war, oder zu einer sehr belastenden Phobie. In Wirklichkeit ist sie ein Scheinzustand, eine Illusion und keine wahrhaftige Wirklichkeit, sondern nur eine gefühlte. Weil wir Menschen sie aber für wirklich halten und uns nicht als ihren Schöpfer begreifen, erschaffen wir aus dieser Angst heraus, die uns im Griff zu haben scheint, eine Menge leidvoller Dinge.

Es ist menschlich und verständlich, dass kaum jemand sagt: »Oh, ich mag meine Ängste.« Wir wollen sie möglichst schnell loswerden. Doch genau daraus entsteht erst das Leidvolle in unserem Leben und in der Welt. **Nicht die Angst selbst ist das Entscheidende, sondern unser Umgang mit ihr. Angst macht wütend und zornig. Angst macht neidisch, missgünstig und eifersüchtig. Angst führt zu Intrigen, Mobbing und Konflikten, sowohl am Arbeitsplatz als auch in unseren privaten Beziehungen.** Solange wir die Natur unserer

Ängste nicht begreifen und sie bekämpfen, unterdrücken oder nur wegmachen wollen, sind und bleiben wir ihnen ausgeliefert. Solange steuern sie uns in jedem Moment unseres Alltags, besonders jedoch in den Begegnungen mit unseren Mitmenschen.

Wenn wir die oben genannten Ängste genauer anschauen, können wir sie auf einige wenige reduzieren. Es ist …

- … die Angst, etwas zu verlieren.
- … die Angst, enttäuscht, betrogen oder verlassen zu werden.
- … die Angst, sich allein, einsam und getrennt von anderen zu fühlen.
- … die Angst, etwas Wesentliches zu verpassen.
- … die Angst zu versagen.

All diese Ängste werden erzeugt und genährt durch vier grundlegende Glaubenssätze, die wir, besonders das Kind in uns, für wahr halten. Sie lauten:

- »Ich bin nicht wertvoll, würdig, liebenswert genug. Ich genüge nicht.«
- »Ich habe keine Macht, ich bin machtlos (und daher anderen ›Mächten‹ ohnmächtig ausgeliefert).«
- »Liebe bedeutet Schmerz. (Das heißt, wenn ich etwas oder jemanden liebe, wird es mir wieder weggenommen, oder ich werde verletzt, wenn ich mein Herz für die Liebe öffne.)«

- »Diese Welt ist kein sicherer Ort. (Ich muss mit permanenter Unsicherheit und Gefahr leben.)«

Das Wort »Gefühl« bedeutet nichts anderes als die Aufforderung: »Geh hin und fühle.« Es klingt für den Kopf banal, nicht kompliziert genug. »Geh hin und fühle!« Doch unsere Gefühle sind ein wesentlicher und wichtiger Bestandteil unseres menschlichen Wesens. Sie wünschen sich nur eins: dass wir uns ihnen zuwenden und sie bewusst, bejahend und mit Liebe durchfühlen. Wie gesagt: Wir sind ein körperliches, mentales, emotionales und spirituelles Wesen, auch wenn dir der »spirituelle« Aspekt noch verdächtig vorkommen mag. Jede dieser vier Ebenen unseres Menschseins will gepflegt werden: der Körper, der Verstand, die Psyche und das Herz.

Unsere Angst ist die Tür in unsere Freiheit, in eine Lebensqualität, die von größter Freude, tiefstem Frieden, höchster Erfüllung und wahrhaftem Erfolg gekennzeichnet ist. Durch diese Tür deiner Ängste darfst du und kannst du heute gehen. Im Gegensatz zu dem Kind, das du warst, bist du als Mann hierzu in der Lage, ob mit Anleitung durch einen Coach oder ohne und allein durch die Meditationen, die ich hierzu anbiete. Dass die Wandlung unserer Ängste in Freude sogar kinderleicht ist, zeigen einige Tausend Kinder ab drei Jahren (du hast richtig gelesen: ab drei Jahren), die mit meiner Meditations-CD »Meine Gefühle werden meine Freunde« sich selbst aus ihrer Angst, Trauer, Wut und anderen Gefühlen befreiten.

Die Schritte, die ich dir für deinen künftigen Umgang mit deinen Ängsten empfehle, sind – zusammengefasst – folgende:

1. Ich übernehme meine Schöpferverantwortung für meine Angst. Ich bin bereit anzunehmen, dass ich sie durch viele Angst erzeugende Gedanken seit meiner Kindheit erschaffen habe. Dies ist ein erster geistiger und entscheidender Schritt.

2. Ich nehme mir Zeit, mir meine verschiedenen Ängste bewusst zu machen, und schreibe mir die dahinterstehenden Gedanken auf (siehe die Angstbeispiele oben).

3. Ich gestehe mir zu, diese Ängste heute haben zu dürfen. Ich fange an, sie nicht mehr als »Fehler« oder störend, als ärgerlich und überflüssig zu betrachten, sondern als Teil meines bisherigen unbewussten Erfahrungswegs. Und als Tür, als Durchgangsstation hin zu einer neuen Lebensqualität voller Selbstbewusstsein, Vertrauen und Freude am Leben.

4. Ich lerne in Meditationen, den kleinen Jungen in mir kennen, der vor langer Zeit die Grundlagen für meine heutigen Ängste gelegt hat und nicht

anders konnte, als sie zu verdrängen. Ich öffne mein Herz für die Liebe, die Anerkennung und das Lob diesem Jungen gegenüber, der immer sein Bestes gegeben hat, ebenso wie ich, der erwachsene Mann.

5. Durch diese Annäherung an die Gefühls- und Gedankenwelt des Jungen lerne ich zugleich, meine heutige Angst und andere Gefühle bewusst wahrzunehmen, anzunehmen und bejahend zu fühlen. Diese Haltung drückt sich am besten in dem Satz aus: »Du, meine Angst, darfst jetzt da sein. Ich bin jetzt bereit, dich zu fühlen.«

6. In meinem Alltag fange ich an, diese Haltung zu leben und mich meinen Ängsten in kurzen oder längeren Meditationen beziehungsweise Fühlübungen zuzuwenden. Das bewusste, bejahende Fühlen integriere ich in meine tägliche Lebenspraxis.

7. Parallel hierzu entdecke ich in meinem Denken immer mehr jene unwahren, verurteilenden, Angst und Mangelzustände erzeugenden Gedanken, die ich unbewusst seit Jahrzehnten gedacht und geglaubt habe. Im Kontakt mit der Stimme meines Herzens erkenne ich ihre Unwahrheit und entscheide mich für neue, wahre Gedanken, mit denen sowohl mein Herz als auch mein Körper in eine positive Resonanz gehen und mir dadurch ihren wahren Charakter vermitteln.

Wenn du bereit bist, den kleinen Jungen in dir kennenzulernen, der damals die Angst erzeugte, die dich heute noch steuert oder belastet, dann mach jetzt oder heute Abend die Meditation »Begegnung mit der Angst des kleinen Jungen in dir«:

www.robert-betz.com/wahrhaftig-mann-sein

Aus Angst mach Mut

Mann, oh Mann, entspann ins Leben,
steuere gen Mittelpunkt –
lass nicht zu, dass deinem Streben
stets die Angst dazwischenfunkt.

Mach sie liebend dir zum Bruder,
berge ihr geheimes Gut –
sie wird neben dir am Ruder
zu Besonnenheit und Mut.

Stell dich ihr allein im Dunkeln,
wenn die Seelennacht dich zwingt,
bis die Sterne blitzend funkeln
und dein Herz vor Freude singt.

Schau dir tief in deine Augen,
tauch bis auf des Herzens Grund,
lass dir, was du findest, taugen –
fühlend erst wirst du gesund.

ANDREA GEGNER

7. In jeder Krise wartet ein verpacktes Geschenk auf dich

»Ich will wissen, was dich von innen heraus trägt, wenn alles andere wegbricht«, heißt es in *Die Einladung* von Oriah Mountain Dreamer. Genau das passt perfekt zu diesem Kapitel.

Setz dir nicht das Ziel, die Angst komplett aus deinem Leben zu verbannen oder sie vollständig zu beseitigen. Hierdurch würdest du ihr gegenüber eine feindselige Haltung einnehmen und dagegen würde sie erfolgreich Widerstand leisten. Wir können nur dann wachsen, reifen und zu einem selbstbewussten Mann werden, wenn wir mutig durch intensive emotionale Erfahrungen gehen. Unsere Angst ist es, die uns auffordert, mit mutigen Schritten uns selbst zu erforschen, zu erkennen und unsere ganz eigene Wahrheit zu leben. Niemand muss jahrelang unter einer Glocke der Angst oder Panik leben, immer auf der Hut, ob sie ihn hinter der nächsten Ecke nicht wieder erschrickt. **Doch wir können unsere Angst zu unserem Freund und Begleiter machen, der uns im besten Sinne dient. Ohne Angst bräuchten wir keinen Mut zu entwickeln, um Herausforderungen anzunehmen, neue**

Wege zu beschreiten und in uns und in unserem Leben Neuland zu entdecken.

Unsere Angst ist der Wegweiser zu dem, was sich unser Herz so sehnlichst wünscht: Vertrauen in das Leben und Vertrauen in die eigenen inneren Kräfte. Wie groß ist dieses Vertrauen heute in dir? Vertraust du darauf, dass das Leben es gut mit dir meint? Dass es dich unterstützen, führen und tragen will? Im »Vertrauen« steckt das »sich trauen«, sich zuzutrauen, den eigenen Lebens- und Herzensweg mit Mut zu gehen. Für mich ist dieser Weg ein Weg hin zu mir selbst, zu meiner tiefsten Wahrheit und in das Entdecken und Leben meines ganzen Schöpfer- und Freudepotenzials. Es ist ein Weg aus der Unbewusstheit zu immer größerer Bewusstheit, aus Abhängigkeit, Verstrickung und Unfreiheit in die Freiheit und aus der Angst in die Liebe. Wieso Liebe? Weil sie unsere Urnatur ist, das Wichtigste und Tiefste in uns und zugleich im Leben. **Ohne die Liebe ist alles nichts. Es ist absolut nichts von dauerhaftem Wert, wenn die Liebe fehlt, weder deine Leistungen, deine Beziehungen noch dein Wohlstand.**

Ich habe nicht den geringsten Zweifel daran, dass unser Wesenskern jenseits von allem Äußerlichen und Oberflächlichen LIEBE heißt. Wenn du bisher vor allem auf deine Kopfintelligenz vertraut hast, einfach gesagt, wenn du eher ein Kopfmensch bist, wirst du vermutlich die Stirn runzeln und denken »Jetzt wird er aber esoterisch!« Das macht nichts. Angenommen, du hältst solche Gedanken für Unsinn: »Ich bin Liebe« oder »Ich bin ein geistiges Wesen, zurzeit in einem Körper und dieses ›Ich‹ kann nur existieren, weil es aus der Liebe kommt, weil es geliebt wird und zugleich selbst Liebe ist.« Dann frage ich dich: Was genau glaubst du, wer und was du bist, wenn du dies nicht glaubst? Denn irgendetwas musst du über dich glauben, und dieser Glaube hat den allergrößten Einfluss auf deine Lebenswirklichkeit, die du genau hierdurch täglich erschaffst. **Nimm dir also Zeit für deine Antwort auf die Frage: »Was glaube ich eigentlich, wer oder was ich wirklich bin?«**

Lassen wir das hier erst einmal so stehen und kommen wir zur Angst zurück. Ich selbst habe der Angst in meinem Leben sehr viel zu verdanken. In meiner größten Lebenskrise zwischen vierzig und zweiundvierzig habe ich sie auf massive Art kennengelernt, in nächtlichen Panikattacken, denen ich mich völlig ohnmächtig ausgeliefert fühlte. Vielleicht kennst du so etwas ja selbst schon. Obwohl ich mein Psychologiestudium in Hamburg 1982 mit einem »Ausgezeichnet« abgeschlossen hatte, konnte ich mir in dieser Situation selbst nicht helfen. Genauso wenig waren ein Psychoanalytiker (mit Professur) und zwei weitere Psychotherapeuten dazu in der Lage.

Hinter meinen Panikattacken, die mich immer öfter nachts schweißgebadet aufwachen ließen, stand vor allem die Angst, die Erwartungen meines Chefs nicht zu erfüllen, der mich jedes Jahr befördert und mir immer mehr Aufgaben übertragen hatte. Damals war mir noch nicht bewusst, dass wir in unseren Vorgesetzten unbewusst meist Vaterfiguren sehen, das heißt, unsere innere Vaterbeziehung auf ihn (oder sie, die Chefin) übertragen.

Ich hatte wie fast alle Männer in meiner Kindheit und Jugend wenig Anerkennung von meinem Vater erhalten. Heute weiß ich, dass er mir das auch nicht geben konnte, weil er selbst mit einem niedrigen Selbstwertgefühl durchs Leben ging und seine eigenen Lebensleistungen nicht wirklich würdigte. Also versuchte ich – wie es viele Männer und auch Frauen tun –, die damals schmerzlich vermisste Anerkennung von meinem Chef zu erhalten. Ich legte mich mächtig ins Zeug und kam mit Samstags- und Sonntagsarbeit oft locker auf achtzig Wochenarbeitsstunden und mehr. Solange wir jedoch nicht lernen, uns selbst (und den kleinen Jungen in uns) wertzuschätzen, anzuerkennen, zu loben und zu lieben, so lange können wir leisten, was wir wollen, es wird unserem inneren Kritiker, Richter und Perfektionisten nie reichen.

Am tiefsten Punkt meines Lebens saß ich innerlich fest wie in einem Tunnel, und ich konnte kein Licht an dessen Ende sehen. Der einzige »Ausweg« schien mir darin zu liegen, mir das Leben zu nehmen. Aber trotz mehrmaliger Versuche, meinen Wagen in einer Kurve gegen einen Baum zu setzen, gelang es mir nicht. Der Grund: Ich war einfach zu feige dafür. Und diese Feigheit strich ich mir dann auch noch aufs Brot und verurteilte mich für sie.

Heute bin ich meinen damaligen Panikattacken zutiefst dankbar. Das magst du bezweifeln, aber so ist es. Denn ohne sie wäre ich nicht da, wo ich heute stehe. Sie zwangen mich damals, etwas anders zu machen und noch einmal von vorn anzufangen, mit zweiundvierzig Jahren. Da ich mich vor lauter Arbeit auch nicht besonders um die Beziehung zu meiner Frau gekümmert hatte, war es für mich nur stimmig, diese Ehe gleichzeitig mit meinem Job zu beenden, weil einfach keine Substanz und kein gegenseitiges Verständnis mehr da waren. Die Luft war raus.

Um Klarheit über meine nächsten Schritte und eine neue Richtung in meinem Leben zu erhalten, entschied ich mich, erst einmal einen stillen Ort in der Natur zu suchen. In der schönen Eifel nahm ich mir ein Zimmer in einer preiswerten Pension und unternahm erst einmal wochenlang tägliche Spaziergänge, um buchstäblich auf neue Gedanken und innerlich zur Ruhe zu kommen. Zweiundvierzig Jahre mehr oder weniger unbewussten Lebens lagen hinter mir, und ich hatte keine Ahnung, ob da noch was auf mich wartete. Meine Panikattacken waren erst einmal schlagartig verschwunden, nachdem der Leistungsdruck weg war. Sie sollten sich erst Jahre später wieder melden, als ich wusste, wie man damit umgeht. Selbst heute tauchen sie hin und wieder in milderer Form noch auf, meist nachts. Dann gebe ich mir einen kleinen Ruck, stehe auf, zieh den Bademantel an, setze mich hin und nehme mir bewusst Zeit. Ich fühle mich bejahend durch sie hindurch mit der Einladung »Alle Gefühle in mir dürfen jetzt da sein. Ich bin bereit euch zu fühlen.« Mehr dazu zeige ich auf vielen CDs, auf YouTube und in meinen kostenlosen Online-seminaren, die du auf meiner Website findest (siehe Anhang).

Solche und andere Krisen in unserem Leben sind keine »Fehler« oder die Folge von »Fehlern«, sondern Erfahrungen, die uns zunächst aus der alten, eingefahrenen Spur werfen, damit wir aufwachen und uns neu sortieren können. Sie ziehen uns erst einmal den Boden unter den Füßen weg, sei es durch den Verlust der Partnerin oder des Arbeitsplatzes oder durch etwas anderes. Sie zeigen uns, dass das, was wir bisher als Sicherheit betrachtet haben, in Wirklichkeit nur eine Scheinsicherheit war. **Krisen, Krankheiten und auch Konflikte mit unseren Mitmenschen sind weder sinnlos noch Zufall oder ein »Unglück«, sondern notwendig und wichtig auf dem Weg zu uns selbst. Sie beinhalten ein großes, zunächst verpacktes Geschenk für uns.** Sie bieten uns die Chance, aufzuwachen aus unserer Unbewusstheit, Routine und Angepasstheit und zu begreifen, wie das Leben und wir selbst »ticken«. Und die wichtigste Erkenntnis des Aufwachens ist, dass wir selbst – auch du – sehr machtvolle schöpferische Wesen sind, die ihre Lebenswirklichkeit durch ihre Gedanken, Gefühle, Worte und Handlungen selbst erschaffen – entweder unbewusst oder bewusst.

Wenn du dich also nicht als vermeintliches Opfer des Lebens, des Schicksals oder anderer Menschen fühlen willst, dann übernimm jetzt deine Schöpferverantwortung und fang an, dich innerlich neu auszurichten und dadurch auch deiner äußeren Lebenswirklichkeit eine neue Richtung zu geben. Dafür bist du niemals zu alt. Sobald du diese Schritte tust, gewinnst du Handlungsfähigkeit und lässt das Gefühl von Ohnmacht hinter dir. Schöpferkraft ist Macht, und diese Macht – die Energie, etwas Schönes und Wunderbares aus deinem Leben zu machen – steht dir grenzenlos zur Verfügung.

Einen wirklichen Halt, wahre Sicherheit finden wir nur in uns selbst und nie außerhalb. Ein Mensch, ein Freund, eine Freundin oder eine Partnerin kann uns zeitweise sehr unterstützen ebenso wie ein Coach oder Therapeut, aber sie sind nicht dazu da, uns zu tragen. Deinen wahren Halt findest du dann, wenn du beginnst anzuhalten und innezuhalten, das heißt wenn du beginnst, dich in einer Haltung der Anerkennung, Wertschätzung und Liebe zu dir selbst systematisch mit deiner Innenwelt zu beschäftigen, vor allem mit deinen dich und andere verurteilenden Gedanken und mit den

Gefühlen, von denen du dich bisher meist abgelenkt und die du unterdrückt hast. Wenn du dein Lebensschiff in eine neue Richtung steuern willst, darfst du nach unten gehen in deinen »Maschinenraum« und nachschauen, was da los ist, was blockiert ist und wo die Energien bisher nicht fließen können.

In den Kapiteln dieses Buchs hier gehe ich gemeinsam mit dir durch diesen Maschinenraum. Du verstehst mehr und mehr, warum dein Leben bisher so verlief, wie es das tat. In den Meditationen zu diesem Buch hast du zusätzlich die Möglichkeit, deinen Maschinenraum aufzuräumen, deine Gefühle zu klären und vieles in dir wieder in Fluss zu bringen, was bisher blockiert war.

Ich empfehle dir, dich an dieser Stelle dem Gefühl zuzuwenden, das dich bisher am meisten von einem Leben der Freude abgehalten hat. Es ist die Angst, die du als kleiner Junge entwickelt hast und die dich bis heute noch daran hindert, deinem Herzen zu folgen und mit Freude deine ganze Wahrheit zu leben. Hierfür ist die folgende Meditation »Begegnung mit der Angst des kleinen Jungen in dir« sehr hilfreich:

www.robert-betz.com/wahrhaftig-mann-sein

8. Nimm dich und deine Innenwelt endlich wichtig

Wir Männer haben schon früh gelernt, uns auf das Äußere, auf unsere Aktivitäten, auf Planen, Handeln und Zieleerreichen zu konzentrieren. Unsere Aufmerksamkeit richten wir in der Regel nicht auf das Wesentliche, nicht auf uns selbst. Wir nehmen unsere Arbeit wichtig, unsere Partnerin und unsere Kinder. Die meisten von uns nehmen ihre Verpflichtungen ernst und auch das eine oder andere Hobby, aber wir selbst stehen selten im Zentrum unserer Aufmerksamkeit und Liebe. Vielleicht kennst du noch den Satz aus deiner Kindheit »Nimm dich nicht so wichtig!« oder »Was glaubst du eigentlich, wer du bist?!« Wir Männer funktionieren oft mehr, als dass wir ein Leben der Freude leben und die Dinge, die wir tun, wirklich genießen.

Viele Männer haben das ungute Gefühl, sich bewähren zu müssen, um von anderen vermittelt zu bekommen, dass sie etwas wert sind, vom Chef, von Kunden, von der Frau oder der Familie. Sie sind nicht stolz auf ihre bisherige Lebensleistung. Sie sind sich selbst nicht der beste Freund. Sie tun oft so, als sei alles in Ordnung, aber tief innen spüren sie in manchen Momenten, dass irgendetwas mit ihnen und ihrem Leben nicht stimmt. Sie fühlen sich oft leer und einsam und das Leben und die Arbeit geben ihnen nicht mehr das, was früher einmal da war. Da ist keine Begeisterung mehr bei dem, was sie tun, und kaum Freude am eigenen Dasein.

Ich will dir nichts einreden, aber wenn du dieses Buch liest, hast du einen Grund dafür. Es muss ein Gefühl des Mangels sein, das Gefühl, dass dir irgendetwas fehlt zu einem erfüllenden Lebensglück. Ich zeige hier nur auf, was genau das bei vielen ist, und du darfst spüren, was auf dich zutrifft. **Die Kernursache allen Mangels (im inneren wie im äußeren Bereich) liegt darin, dass sich der Mann selbst nicht liebt und nicht glaubt, besonders liebenswert zu sein.**

In unserem Beruf sind wir Männer gut darin, Struktur in die Abläufe und in unser Denken zu bringen und damit auch eine Ordnung. Der männliche Verstand liebt es, die Dinge logisch, analytisch zu erfassen und zu verstehen. Diese Fähigkeiten setzen wir vorzugsweise im Beruf ein, wo es viele von uns zu exzellenten Leistungen bringen. Wir haben gelernt, unser Selbstwertgefühl davon abhängig zu machen, was wir in unserem Beruf schaffen. Verliert der Mann seine Arbeit durch Kündigung oder Pensionierung, dann wird schnell deutlich, wer er ohne seine Arbeit ist. Hier brechen viele Männer innerlich zusammen wie ein Kartenhaus. Sie werden klein und schlaff wie ein Ball, aus dem die Luft raus ist, weil sie nichts mehr haben, woran sie sich festhalten können. Sie fühlen sich haltlos und wissen morgens oft nicht mehr, wozu sie noch aufstehen sollen.

Die meisten Männer erhalten jedoch weit davor deutliche Zeichen, dass irgendetwas nicht (mehr) stimmt mit ihrer Art zu arbeiten und zu leben. Sie merken früher oder später, dass ihnen die Arbeit keine wirkliche, keine erfüllende Freude mehr macht. Die Begeisterung ist nicht mehr da, das Feuer brennt nicht mehr. Anstatt aber gezielt nachzuforschen, wodurch sie ihre Begeisterung verloren haben (was sie bei jeder »Betriebsstörung« in ihrer Arbeit tun würden), entscheiden sie sich unbewusst dafür, ihre Situation auszuhalten und durchzuhalten. Sie glauben, sie dürften und könnten sich nicht erlauben schwach zu sein, ja, sie wagen nicht einmal, genauer hinzuschauen und herauszufinden, was ihre Schwäche verursacht haben könnte. Der Gedanke »Ich muss durchhalten« und der dahinterliegende Gedanke »Ich habe keine Wahl« halten unendlich viele Männer in einer Spur, die in eine Sackgasse führt.

Was glaubst du selbst, was den meisten Männern irgendwann die Freude an der Arbeit und damit an ihrem Leben nimmt? Was glaubst du, was sie vielleicht auch dir inzwischen genommen hat? Denkst du, es seien die steigenden Anforderungen, der größere

Druck »von oben«, die rasant gestiegene Geschwindigkeit in den Abläufen oder der stärkere Konkurrenzkampf am Markt, dem deine Firma möglicherweise ausgesetzt ist? Das alles sind wichtige Faktoren, aber es sind nur die Auslöser, nicht die Ursachen für die Krise vieler Männer. Sie decken nur das schneller auf, was im Mann selbst los ist. Die Sinnkrise, die oft mit der Krise des Körpers und der Krise in seiner Partnerschaft (wenn er noch eine hat) einhergeht, legt nur offen, was dem Mann im Kern schon lange fehlt. Und diese Krisen treffen die meisten Männer zwischen vierzig und fünfundfünfzig, zunehmend aber schon Mitte dreißig und früher.

Der Mann hat nie gelernt, sich selbst – seine innere Welt – in den Mittelpunkt seines Bewusstseins, seines Lebens und, ja, seines Liebens zu stellen. Sein Denken drehte sich in ihm fast nur um seine Ziele, seine Pläne, sein Tun und um die Frage: »Was und wie viel kann ich durch Leistung wie und wie schnell im Außen erreichen, und was kann ich im Materiellen bekommen?« Weder sein Mann-Sein, sein Dasein (im Gegensatz zum Tun) und der »Wohlstand« seiner inneren Welt noch der wahre Zustand seines Herzens und die Bedürfnisse seines inneren kleinen Jungen standen je im Fokus seiner täglichen Aufmerksamkeit. Er dachte unbewusst: »Wenn ich erst einmal in meinem Beruf erfolgreich bin, wenn ich es dort geschafft habe, dann bin ich ein glücklicher Mann.« Ein Irrtum des Denkens mit gravierenden Folgen, mit denen sich die meisten Männer jetzt herumschlagen, da er sie nun zum Anhalten und Innehalten zwingt oder sie zusammenbrechen lässt.

Der »normale« leistungsorientierte Kopf-Mann kann mit so etwas wie Gefühlen, Herz und innerem Kind nicht viel anfangen, weil er sie mit seinem logisch-rationalen Verstand nicht »greifen« kann. Hier fühlt er sich inkompetent und machtlos. Natürlich will er sich »gut« fühlen, er will gut drauf sein, und sein Körper soll auch mitziehen und einigermaßen fit sein. Aber er hat kein wirkliches Verständnis von sich selbst, er kennt noch nicht das, was er von seiner Natur her wirklich ist, ein Geist-Seele-Wesen in einem physischen (grobstofflichen) und einem sehr komplexen feinstofflichen Körper mit einem zweiten, einem nicht materiellen Herzen in der Mitte seiner Brust, dem wirklich entscheidenden Herzen. Er weiß noch nicht, dass er sich auf einer emotional intensiven Erfahrungs-reise in Richtung Selbsterkenntnis und wahres Selbst-bewusstsein befindet.

Unser Leben ist wie schon gesagt aus meiner Sicht eine Wanderung hin zu uns selbst, zu unserem Kern. Wir reisen von einem Zustand des Unbewusstseins und Nichtwissens in Richtung Bewusstheit, von der Abhängigkeit und Unfreiheit in Richtung Freiheit, von Verstrickungen und Unfrieden in Richtung Frie-den und tiefer Zufriedenheit und von der angelern-ten Unliebe zu uns und anderen in ein kraftvolles Lieben mit einem großen, uneingeschränkten JA zu uns selbst. Auch wenn ich mich wiederhole: Dein Kern, das Wichtigste in dir, ist dein Herz in der Mitte deiner Brust, das kein Chirurg finden kann. Dieses Herz ist dein Navi, das dich in ein Leben voller Freude und Erfüllung führen will und kann. Dorthin kommst du nur durch deine Liebe und dein Lieben. Und das darf und muss bei dir selbst anfangen und nicht bei deiner Partnerin. Du darfst beginnen, dir diese Liebe selbst zu schenken.

Darum prüfe die Frage: »**Bin ich, der Mann von heute, bereit, mein Herz zu öffnen für die Liebe zu mir und zu allem in und an mir, was ich bisher noch nicht liebe? Bin ich bereit, mir das selbst zu schenken, was ich bisher von anderen, meist von meinen Partnerinnen, erwartet habe: Annahme, Bestätigung, Wertschätzung, Anerkennung, emotionale Geborgenheit und Sicherheit, Ankommen bei jemandem, Heimat und ein wahres Zuhause, vor allem aber: Liebe?**«

Du selbst bist das Wichtigste in deinem Leben

Dieser Gedanke mag dir übertrieben oder gar egoistisch vorkommen. Aber wenn du glaubst, deine Frau, deine Kinder oder deine Arbeit seien das Wichtigste, dann wirst du mit den Jahren eine sehr unangenehme Feststellung machen: Du wirst mehr und mehr zu einer Belastung für die werden, die du liebst, anstatt eine Quelle ihrer Freude zu sein. Denn ein Mann, ob Partner oder Vater, dem es nicht gut geht, dem die Freude am eigenen Mann-Sein abhandengekommen ist, der belastet seine ganze Familie mit seiner inneren Unzufriedenheit, seiner Erschöpfung, seinem Missmut oder seiner Krankheit. Er belastet zudem seinen Freundeskreis, seine Mitarbeiter, Kollegen und Chefs. Natürlich will er das nicht bewusst, aber es ist das, was Millionen Männer am Ende für die anderen sind, schon bevor sie kaum noch bewegungsfähig oder mit Alzheimer im Altenheim landen: unglückliche Wesen, die irgendwo auf ihrem Weg etwas verloren haben, was sie früher einmal hatten, einen Glanz in den Augen und Freude am Leben. Erinnere dich an deinen eigenen Vater, ganz gleich ob er noch im Körper lebt oder schon »nach Hause gegangen« ist. Hättest du ihm nicht gewünscht, dass er mehr Freude an seinem Leben gehabt hätte, dass er sein Leben und alles, was er geschafft hat, wirklich hätte genießen können?

Es ist nie zu spät, diesen Kurs zu korrigieren, und es beginnt mit der Entscheidung, dich selbst in den Mittelpunkt deiner Aufmerksamkeit und Liebe zu stellen. Wie kann das – ganz praktisch – aussehen? Als Erstes darfst du nach all dem bisher schon Gesagten erkennen, wie unausgeglichen du deine Energie und Aufmerksamkeit in deinem Leben verteilst. Denk dir die Zeit eines normalen Tages von etwa sechzehn bis siebzehn Stunden wacher Zeit, das sind circa eintausend Minuten, einmal als einen ganzen runden Kuchen: 100 Prozent. Und jetzt schau dir genau an, wie du ihn aufteilst, das heißt, um was oder wen du dich tagsüber kümmerst und worauf du deine Energie und Aufmerksamkeit richtest.

Füll doch bitte dafür die folgende Tabelle aus und füge die Minuten ein, die du mit der jeweiligen Tätigkeit am Tag im Schnitt verbringst. Wozu das gut sein soll? Es macht dir bewusst, was du genau mit deiner kostbaren Lebenszeit anfängst. Und du kannst überprüfen, ob sich das für dich stimmig anfühlt, oder ob du einige Verschiebungen vornehmen willst, um deine Lebensqualität zu erhöhen.

Wie verteile ich meine tägliche Lebenszeit?

Tätigkeit	Zeit in Minuten
Körperhygiene (Duschen, Rasieren, Toilette ...)	45
Frühstücken	10
Fahrt zur Arbeit und zurück	70
Arbeit im Beruf	300
Sonstige, private Arbeit	30
Pausen von der Arbeit	20
Mahlzeiten über den Arbeitstag	10
Sport, bewusste Bewegung	30
Hobby	5

Tätigkeit	Zeit in Minuten
Fernsehen oder Surfen im Internet	45
Telefonate, SMS, Mails oder Ähnliches	15
Gemeinsames Essen und Begegnung mit der Familie	15
Zeit, die du nur deiner Partnerin widmest	60
Zeit, die du nur deinem Kind, deinen Kindern widmest	0
Zeit für Freunde	10
Zeit für andere Familienmitglieder (Eltern, Schwiegereltern, Geschwister ...)	3
Zeiten für dich allein (ohne Ablenkung durch TV, Internet oder Smartphone), für Muße, Besinnung, Natur, ein gutes Buch oder andere dich wirklich nährende Dinge	15

Und? Hast du die Tabelle sorgfältig ausgefüllt? Oder sträubt sich noch etwas in dir dagegen? Es ist vor allem wichtig, dass du dir selbst schriftlich darüber klar wirst, wie viel Zeit du dir ganz persönlich jeden Tag schenkst.

Wenn du öfter Gedanken denkst wie »Ich habe keine (oder zu wenig) Zeit!«, dann mach dir klar: Du erzeugst mit solchen Gedanken Zeitknappheit, Druck und Stress. Die Wahrheit heißt: Du hast immer genug Zeit. Die Frage ist nur, wie du entscheidest, wem du deine Zeit und Aufmerksamkeit in welchem Maße schenkst. Doch das tun die wenigsten Menschen bewusst.

Wenn du dir selbst, dem Mit-dir-selbst-Sein, dem Alleinsein mit dir und dem bewussten Umgang mit deinen Gedanken, Gefühlen, Körperempfindungen und deinem Innersten, deinem Herzen, am Tag nicht eine einzige Stunde widmest – ob in der Natur oder an einem ruhigen gemütlichen Platz drinnen –, dann ist das auch eine Entscheidung, wenn auch meist eine unbewusste. Und sie beruht auf dem Gedanken, du selbst seiest nicht so wichtig beziehungsweise dein Machen und Tun sei wichtiger als dein Sein.

9. Zum kraftvollen Mann-Sein über das Weibliche in dir

Wenn wir uns und unsere Lebensverläufe besser verstehen wollen, ist es höchst wertvoll zu erkennen, dass es in jedem Mann und in jeder Frau zwei Seiten gibt: eine männliche und eine weibliche. Kein Mann ist in seinem Denken und Verhalten hundertprozentig männlich und keine Frau nur weiblich. Diese männliche und weibliche Seite wollen beide jeden Tag und bei allem, was wir tun, beachtet und gelebt werden. Es ist die Grundpolarität des Menschen, deren Gesetzmäßigkeit bis heute kaum Beachtung findet. Diese Ignoranz und das Nichtwissen darüber fordern täglich einen hohen Preis an Körper, Psyche und Lebensqualität.

In unserem Körper repräsentiert die rechte Körperhälfte das männliche und die linke Körperhälfte das weibliche Prinzip. Genauso wie wir beide Beine zum Laufen benötigen, so wie wir ein- und ausatmen müssen, so gehören auch das Denken und das Fühlen, das Anspannen und das Entspannen, das Arbeiten und das Spiel oder die Erholung zu einem Leben in der Balance. Viele von uns Männern leben aber so, als würden sie am Montagmorgen einatmen und am Freitagnachmittag ausatmen. Entsprechend unausgeglichen und erschöpft fühlen sich viele. Nicht wenige haben auch schwerpunktmäßig nur auf einer Seite ihres Körpers Beschwerden, Knochenbrüche, Verstauchungen, Bänderrisse und Krankheiten, während die andere Seite hiervon weitgehend unbelastet ist. Erinnere dich bitte: An welcher deiner Körperhälften hattest du bisher die meisten Schmerzen, Verletzungen oder Operationen? Eher auf deiner rechten oder deiner linken Seite? Hast du eine Ahnung, warum?

Wie schon erläutert, wird der Körper vom Geist regiert. Das heißt, je einseitiger du das Männliche oder das Weibliche lebst, desto stärker muss dein Körper mit Symptomen hierauf antworten. Schmerzt zum Beispiel meist deine rechte Seite, vermute ich, dass du die Arbeit in deinem Leben sehr stark betonst, aber der Entspannung oder der Besinnung wenig Raum lässt. Um die beiden Seiten besser zu verstehen, hier einige Kernpunkte, die das männliche und das weibliche Prinzip repräsentieren. Anhand dieser Liste kannst du schon auf den ersten Blick sehen, was in deinem Leben zu kurz kommt und welche Seite du vielleicht übertreibst.

Männliches Prinzip	Weibliches Prinzip
aktivierendes Prinzip	zulassendes Prinzip
auf das Außen gerichtet	auf das Innere gerichtet
rechte Körperhälfte	linke Körperhälfte
digital	analog
machen, tun	geschehen lassen, sein
denken	fühlen
reden	schweigen, zuhören
kontrollieren	vertrauen
Verstand/Kopf	Herz/Bauch
führen	dienen
anspannen	entspannen
Druck machen	nachgeben
festhalten	loslassen
sich zusammenreißen	sich gehen/fallen lassen
arbeiten	spielen, faulenzen, träumen
schenken	empfangen, annehmen
stark sein müssen	schwach sein dürfen
führen	sich führen lassen
haben	sein

Diese Gegenüberstellungen ließen sich beliebig erweitern. Es ist leicht zu erkennen, dass keine der Seiten besser ist als die andere. Beide Pole bedingen sich gegenseitig: Gäbe es die eine Seite nicht, wäre die andere nicht vorstellbar. Wird eine Seite überbetont und kommt die andere zu kurz, hat dies Folgen für Körper und Psyche, das heißt für die gesamte Lebensqualität.

Von frühester Kindheit an wird uns beigebracht, dass die männliche Seite besser und wichtiger sei als die weibliche. Wir werden angehalten, fleißig etwas zu tun, und für das Nichtstun oder Faulsein bestraft. Sätze wie »Zuerst die Arbeit, dann das Vergnügen« und »Vertrauen ist gut, Kontrolle ist besser« oder »Haste was, biste was« versuchen, uns den vermeintlich höheren Wert des männlichen Prinzips einzureden.

Besonders dem Jungen wird früh vermittelt, dass die Werte der weiblichen Seite im weitesten Sinn als »schwach« zu verurteilen und abzulehnen sind, insbesondere fast alle Gefühle. So wird schon der kleine Mann zum Kopfmenschen und verschließt sein Kinderherz, das eigentlich lachen, toben, weinen, spielen und seine Gefühle ausdrücken will. **Paradoxerweise führt genau diese einseitige Betonung des männlichen Prinzips zusammen mit der Abwertung der weiblichen Qualitäten dazu, dass der erwachsene Mann sich in seiner Männlichkeit völlig verunsichert und – weil ständig unter Druck – überfordert fühlt und im Bereich des Körpers, des Berufes und der Partnerschaft scheitert oder herbe Niederlagen und Enttäuschungen einstecken muss.**

Die Ablehnung der weiblichen Seite durch die Frauen (auch um sich vom Lebensvorbild der Mutter abzugrenzen) führt auch bei ihnen dazu, dass sie an ihren Körpern leiden, in ihren Partnerschaften scheitern und im Beruf oft zum Halbmann mutieren, je höher sie auf der Karriereleiter klettern. Während sie das vermeintlich schwache Weibliche ablehnen, setzen sie auf die Dominanz männlichen Denkens und Verhaltens, ziehen innerlich und äußerlich die Hosen an und haben nicht nur im Bett ein großes Problem damit, sich fallen zu lassen und zu genießen. Solche verhärteten, männlichen Frauen ziehen oft Männer an, die (zuweilen unter einer dünnen harten Schale) weich, schwach und eher weiblich sind. Die Anziehungskräfte sorgen nach dem Resonanzprinzip dafür, dass sich immer die Richtigen finden. Diese Frauen dürfen sich daher nicht wundern, wenn nicht nur sie mit ihrer Sexualität Schwierigkeiten haben, sondern auch ihre Partner. Erst wenn die Frauen wieder weich werden und ihre inneren »Rüstungen« ablegen, kann bei ihren Männern wieder etwas hart werden.

Zurück zum Mann. Da ihm seit seiner Kindheit erklärt worden ist, er solle stark sein, beginnt er, alles vermeintlich Schwache, besonders seine Gefühle, abzulehnen, zu verdrängen und zu bekämpfen. **Was wir aber ablehnen, das ermächtigen wir. Lehnen wir unsere schwachen Seiten ab, leben wir die weibliche Seite nicht oder kaum (das Träumen, Spielen, Faulenzen und**

Entspannen), bekommt die weibliche, linke Seite in uns immer weniger Nahrung, während die rechte vor Überlastung mit der Zeit zu schmerzen beginnt.

Wirklich stark sein kann also nur der Mann, der sich mit seinen vermeintlich schwachen Seiten, dem Weiblichen in sich, anfreundet – nach dem Motto: »Alles in mir darf da sein und leben!« Wie kann der Mann diese Seite nähren und leben? Zunächst dadurch, dass er sich diese Seite ausdrücklich zugesteht und ihr im Alltag auch Raum gibt. Zum Beispiel durch etwas, das in der waagerechten Haltung, im Liegen oder Sitzen stattfindet, wie Massage, Saunieren, im Liegestuhl oder in der Badewanne entspannen. Einmal einen halben oder ganzen verregneten Sonntag mit einem Roman im Bett zu verbringen, kann für Körper, Geist und Seele ein kleiner Urlaub sein. Andere, die weibliche Seite unterstützende Elemente finden wir in der Musik, im Gesang, in der Meditation, im Wasser, bei einem besinnlichen Spaziergang oder einer leichten Wanderung, im Spiel, vor allem mit Kindern, beim Lesen nährender Bücher, die das Herz berühren, durch Theater, Film, Museum, Konzert, Jahrmarkt, Zirkus oder Zoo, also bei allem, wo eher das Herz, das Gefühl und das Kind in uns angesprochen werden.

Stellt der Mensch keinen Ausgleich zwischen den Polen des Weiblichen und Männlichen her und lebt er überbetont das Männliche, besteht die hohe Wahrscheinlichkeit, dass er am Ende seines Lebens für ein paar Jahre in den weiblichen Pol, das heißt in die Waagerechte gezwungen und zum »Pflegefall« wird. Auch diese bittere Erfahrung erschafft der Mensch sich selbst, sie fällt nicht zufällig vom Himmel. Es sind auffallend oft kontrollierende, ständig schaffende, sich für andere aufopfernde und selten an sich selbst denkende Menschen, die sich am Ende hilflos füttern und den Hintern abwischen lassen müssen. Eine bittere, mit Scham, Schuld und Ohnmacht verbundene Erfahrung für den ehemals so stolzen Menschen, der nicht von anderen abhängig sein wollte. Anstelle einer Pflegeversicherung empfehle ich jedem, die hier beschriebenen Zusammenhänge zu verinnerlichen und sein Leben so ausgleichend zu gestalten, dass beide Seiten genährt werden.

Mann und Frau haben von ihrem Wesen her eine völlig unterschiedliche Beziehung zum männlichen und zum weiblichen Prinzip. Der Mann kommt aus dem männlichen Pol des Lebens und hat die Aufgabe, seine Männlichkeit in sich zu entwickeln und in seinem Leben zu entfalten. Das fällt ihm nicht automatisch zu. Wir brauchen also keine weiblichen Männer, die sich an Mutter oder Frau orientieren, sondern männliche Männer, die stolz auf ihr Mann-Sein sind, die sich jedoch von ihrem Herzen führen lassen und mit sich selbst, ihren Mitmenschen, mit Mutter Erde und dem Göttlichen in einer lebendigen, liebenden Beziehung stehen. Hierzu benötigen sie die Abnabelung von der Mutter und die innere Verbindung zum Vater wie zu den männlichen Ahnen.

Stehen Männer gut in ihrem männlichen Prinzip, können sie erfolgreich männliche Qualitäten wie Klarheit, Ordnung, Struktur, Wille, Entscheidungsfreude, Disziplin, Beharrlichkeit, Verlässlichkeit und Kreativität in der Arbeit wie im Privaten leben. Gleichzeitig können sie Werte des weiblichen Prinzips in sich und in ihr Leben integrieren wie Hingabe, Dienen, Lieben, Vertrauen, Empfangen, Intuition, Nachgeben, Verbinden oder Versöhnen.

Entsprechend kommt die Frau aus dem Weiblichen und hat die Aufgabe, Frieden zu machen mit der Weiblichkeit, die ihre Mütter und Großmütter vieler Generationen verzerrt gelebt haben. Sie darf den Kern ihrer Weiblichkeit wieder lieben und feiern lernen. Zugleich integriert sie Werte des männlichen Prinzips in sich, ohne zum Halbmann zu mutieren. Die starke Frau ist dann nicht eine männliche Frau, die sich ihre Anerkennung durch Leistung verdienen muss, sondern eine Frau, die in sich selbst ruht und ihre Weiblichkeit mit Freude selbstbewusst ausstrahlt, sich selbst bewundern kann und den Mann nicht fragen muss, ob sie gut aussieht.

Hier findest du einen Link zu einer Meditation mit dem Titel »Begegnung mit der männlichen und weiblichen Seite in dir«. Diese Begegnung zeigt dir sehr anschaulich und fühlbar, wie es um den Zustand und das Verhältnis zwischen dem Männlichen und Weiblichen in dir bestellt ist.

www.robert-betz.com/wahrhaftig-mann-sein

10. Dein Körper zeigt dir immer deine Wahrheit

Unsere typisch männliche Art zu leben, wie ich sie hier schon beschrieben habe, geht nicht spurlos an unserem Körper vorbei. Unsere einseitig auf Arbeit und Leistung ausgerichtete Lebensweise, unser Druck- und Anstrengungsprogramm, unser unbewusstes und oft liebloses und uns selbst abwertendes Denken und Handeln haben ihren Preis. Und diesen Preis bezahlen Männer jetzt immer mehr mit ihrer Gesundheit. Welche Spuren zeigt dein Körper dir bereits? Hörst und verstehst du seine Botschaften an dich?

Der »normale«, nicht glückliche Mann behandelt seinen Körper in der Regel auf eine unbewusste und lieblose Art. Er tut das, weil er keine Ahnung hat von diesem Wunderwerk, das ihm vom Leben geschenkt wurde. Er geht mit ihm meist schlechter um als mit seinem Auto und fragt sich kaum, wie er seine Schmerzen und Blessuren wohl erschaffen hat. Er übernimmt für den Zustand seines Körpers selten seine Schöpferverantwortung. Und auch die meisten von denen, die häufig joggen, Marathon laufen oder andere Sportarten – oft in extremer Weise – betreiben oder in die

Muckibude rennen, ahnen kaum, was sie sich und ihrem Körper damit antun. Dieser wünscht sich einen sanften, intelligenten und liebevollen Umgang mit ihm. Denn dein Körper ist dein Freund. Aber bist du auch seiner?

Der Körper hat nichts mit einer Maschine gemein, sondern ist ein hochintelligentes, empfindsames Wesen, das genau hört, was und wie der Mann, der zu ihm gehört, denkt, fühlt, spricht und handelt. Er besteht aus Billiarden lebendiger Zellen, die ständig resonanzmäßig darauf reagieren, wie der Mann mit sich und seinem Leben in seinem Inneren und im Außen umgeht. Alles, was dein Körper an Wohlgefühl oder Schmerz, an Gesundheit oder Krankheit zeigt, ist eine Reaktion auf das, was du innerlich und äußerlich mit dir anstellst.

Der Körper ist also sowohl ein perfekter Spiegel deines Bewusstseins (das meist ein Unbewusstsein ist) und zugleich dein treuester Diener und Freund. Er tut alles für dich und hält solange durch, bis er nicht mehr kann. Er hat keinen eigenen Willen, sondern ist völlig abhängig von deinem Bewusstsein, das ihn, den Körper, regiert. Sobald er Symptome, Schmerzen oder Mangelzustände zeigt, will er dir etwas sehr Konkretes mitteilen: Er fordert dich zu einer Kurskorrektur auf. Aber nur wenige Männer hören ihrem Körper rechtzeitig zu. Entweder ignorieren sie seine Informationen, oder sie wollen das Unangenehme, das er zeigt, so schnell wie möglich wegmachen. Viele halten aus, solange es möglich ist, nach dem Motto »Geht schon noch« oder »Was uns nicht umbringt, macht uns nur stärker«.

Wenn du zum Beispiel Gedanken denkst und glaubst wie »Ich *muss* arbeiten« (anstatt »Ich *will* oder ich *darf* arbeiten«), »Das Leben ist ein Kampf!« oder »Ich könnte scheitern«, dann strahlst du diese Energie in die Welt hinaus und erschaffst dadurch die von dir erfahrene Lebenswirklichkeit im Außen. Aber auch dein Körper nimmt diese Gedanken und ihre Schwingungsfrequenz auf und muss auf sie entsprechend antworten, er kann sie nicht ignorieren. Im Fall solcher herzloser, unwahrer und niederfrequenter Gedanken reagiert er mit Druck, Enge, Schwere, Spannung und Verhärtung.

Die Enge in der Brust, die das Atmen oft schwer macht, die Enge im Kopf bei Kopfschmerzen oder Migräne, Rückenschmerzen samt Bandscheibenvorfall oder Bluthochdruck ebenso wie der Pfeifton im Ohr haben fast immer die gleiche Ursache: Es sind die verdrängten Ängste und das von ihnen verursachte Druck- und Anstrengungsprogramm mit dem vielen »Müssen« und »Sollen« in unserem Denken. Jeder Gedanke, der eines dieser beiden Worte enthält, erhöht den Druck in deinem Körper. Wenn es eng wird, dann können seine Energien, sei es der Atem, das Blut, die Lymphe, das Sperma und auch der Urin nicht so frei und kraftvoll fließen, wie sie das gern würden. Jede Energie will nichts anderes als frei, leicht und harmonisch zu fließen. Und so wie die Flüssigkeiten deines Körpers im Fluss sein wollen, so wollen es auch deine Gefühle wie Angst, Ärger, Trauer, Wut, Scham, Schuld und viele andere. Dieses Prinzip kannst du auf jedes Energiesystem übertragen, ob auf deine Partnerschaft und Ehe, deine Abteilung oder Firma und jede andere Organisation.

Sobald durch irgendeine Einwirkung eine Energie nicht fließen kann, gibt es eine Blockade und hierdurch ein Folgeproblem. Ohne Übertreibung können wir sagen, dass jedes unserer sogenannten Probleme (ich nenne »Probleme« wie gesagt lieber »Themen«) immer die Folge eines mangelnden Energieflusses ist, den wir selbst verursacht haben. Einerseits entstehen Drucksymptome und -krankheiten dadurch, dass wir uns selbst unter Druck setzen, und andererseits dadurch, dass wir unsere unangenehmen Emotionen wie Angst, Wut, Trauer oder Ohnmacht unterdrücken.

Es ist der Geist, der die Materie regiert, und nicht umgekehrt. Unser Bewusstsein und die hieraus sich ergebende Art und Weise zu leben, bestimmt unser Sein. Es ist die Qualität deiner Gedanken, dein Umgang mit deinen Gefühlen, dein offenes oder verschlossenes Herz und dann auch dein äußerer Umgang mit dir in deinem Alltag, die dein feinstofflicher Energiekörper genau wahrnimmt, um darauf zu reagieren.

Und von ihm hängt die Gesundheit deines grobstofflichen, physischen Körpers komplett ab.

Den meisten Menschen ist der Gedanke zunächst unangenehm, sie hätten die Symptome und Krankheiten ihres Körpers selbst erschaffen. Sie denken schnell, sie seien »schuld«. Aber »verantwortlich« dafür zu sein, ist etwas anderes, als daran »schuld« zu sein. Da wir nie eine Anleitung für den richtigen Umgang mit unserem Körper erhielten, also nicht wussten, was er sich von uns wünscht, gibt es hier keine Schuld. Wir haben unbewusst die Ursachen gesetzt, die dann nach einer Zeit ihre ganz logischen Folgen zeigten. Wir haben den Körper benutzt wie eine leblose Maschine, bis er uns deutlich machte: »Ich bin keine Maschine! Ich bin dein Diener, dein Freund, und ich bin vollkommen von deiner Art zu denken, zu fühlen und zu handeln abhängig.«

Wenn es stimmt, dass wir selbst den Zustand unseres Körpers verursacht haben, dann ist doch die logische, frohe Botschaft: Wir können seinen Zustand auch wieder verändern, und zwar jetzt, ab sofort. Hör mal kurz in dich hinein: Bist du schon bereit dazu? Willst du zu deinem Körper eine liebevolle, verstehende, fürsorgliche und freundschaftliche Beziehung entwickeln? Willst du ihm ein liebender, fürsorglicher und dankbarer Freund sein?

Wenn ja, dann kannst du jetzt gleich damit anfangen und einen ersten wichtigen Schritt in diese

Richtung tun. Nimm dir in der nächsten halben Stunde die Zeit für die Meditation »Deinen Körper fühlend verstehen lernen«:

www.robert-betz.com/wahrhaftig-mann-sein

11. Männer werden jetzt in die Schwäche gezwungen

Wenn du abends regelmäßig erschöpft nach Hause kommst, dann hast du etwas Wesentliches im Leben noch nicht verstanden. Chronische Erschöpfung ist so unnatürlich wie eine Katze, die abends todmüde nach Hause kommt. Oder wie ein Vogel, der morgens aufwacht und denkt: »Scheißtag, schon wieder fliegen, Nahrung suchen und singen!« Erschöpfung ist ein Ausdruck dafür, dass du über längere Zeit extrem einseitig gelebt und das Gesetz der Balance und des Ausgleichs nicht beachtet hast.

Du hast vermutlich einseitig auf den Kopf und das Denken, das Tun und Machen gesetzt, warst vor allem für andere oder für die Arbeit da und nur wenig oder gar nicht für dich selbst. Dein Kopf ist wahrscheinlich voller ungeordneter Gedanken und Sorgen. Du hast dich von dir selbst wegbewegt, weil dir niemand gesagt hat, dass du der wichtigste und erste Mensch bist, um den du dich liebevoll kümmern darfst. Wer aber nicht gut für sich selbst sorgt und sich immer mehr auflastet, der wird, wie gesagt, auch für die anderen auf Dauer zur Last, für den Partner, die Kinder und auch für die Firma.

Erschöpfung ist das Gegenteil von bewusstem Schöpfertum. Die Schöpfung war nicht zur *Er*schöpfung gedacht. Der Erschöpfte gibt die Verantwortung für sein Glück ab, weil er vielen unwahren Gedanken Glauben schenkt, die meist beginnen mit »Ich muss ...«, »Ich sollte ...«, »Ich kann nicht ...« oder »Ich habe keine Wahl ...«. Deine äußeren Verpflichtungen, für deine Familie zu sorgen oder deine Schulden abzuzahlen, sind eine Tatsache, aber WIE du damit umgehst, ist deine Wahl. Die aber hast du in der Regel nicht bewusst getroffen. Wenn du mehr oder weniger nur noch für die Arbeit lebst und ranklotzt, ziehst du den wichtigsten Stecker aus deiner Steckdose und beraubst dich der Energien, die dir eigentlich zur Verfügung stehen. Es ist deine Freude am Leben und auch an der Arbeit, die dann baden geht.

Es ist nicht die entscheidende Frage, wie viele Stunden du arbeitest, sondern ob du bei der Arbeit bei dir und in dir anwesend und wach bist oder ob du alle Sinne abgeschaltet hast. Und es geht darum, ob es noch ein lebenswertes Leben neben deiner Arbeit gibt. Viele Männer trinken den ganzen Tag kaum ein Glas Wasser oder bemerken um vier Uhr nachmittags, dass sie den ganzen Tag kaum etwas gegessen haben außer dem kargen Frühstück, hastig runtergeschlungen zwischen Tür und Angel oder beim Autofahren. Selbst wenn wir zehn oder mehr Stunden am Tag arbeiten, können wir im Kontakt mit uns bleiben und den Tag auf unsere Art sinnvoll takten. Die Pausen, selbst die kleinen auf dem Klo, können wir nutzen, um wieder zu uns selbst zu kommen und für zwei, drei Minuten bewusst zu entspannen. Wer seinem Tag nicht selbst eine Struktur gibt und ihn auf diese Weise taktet, der verliert sich selbst, kommt leicht aus dem Takt, aus dem Gleichgewicht, und er wird auch schnell taktlos und unfreundlich.

Auch immer mehr jüngere Männer sind heute von chronischer Erschöpfung, Burn-out oder Depression betroffen. Obwohl viel weniger Männer als in meiner Jugend harte körperliche Arbeit verrichten, steigt die Zahl der schon frühzeitig Erschöpften dramatisch an. Hier haben wir den Höhepunkt, besser Tiefpunkt der Energielosigkeit: den Burn-out. Dieses Ausgebranntsein zeigt überdeutlich an, wie unbewusst und unwissend, ja oft zerstörerisch Männer mit sich selbst und ihrem Leben umgehen.

Dieser totale Erschöpfungszustand entsteht vor allem dadurch, dass wir über längere Zeit etwas tun, was uns nicht wirklich Freude macht und uns nicht nährt. Wenn wir das Gefühl haben, aus Verpflichtung oder mangels gefühlter Wahlfreiheit für unseren Weg durchhalten zu müssen und wenn uns das, was wir tun, nicht wirklich erfüllt, dann sind wir auf dem Weg ins

Ausgebranntsein. Sobald wir die Dinge tun, »um ... zu ...«, und nicht, weil wir genau das tun wollen, was wir arbeiten und leben, verlieren wir Energie, und zwar täglich. Das zehrt uns aus, statt dass es unser Energiesystem nährt. Wenn du also arbeitest, weil du damit vor allem Geld verdienen willst und nicht, weil du auch Bock hast auf diese Arbeit, dann ist das aus energetischer Sicht unsinnig, weil keine Zelle deines Körpers in den Stunden der Arbeit etwas erhält, was ihr guttut und sie nährt. Wie gesagt ist Freude für unseren Körper eine der wichtigsten Nahrungsquellen, auch wenn du das vielleicht (noch) für Quatsch hältst.

Dein Männerkörper wünscht sich statt Red Bull, viel Kaffee oder anderes Aufputschende vor allem vier Dinge, besser gesagt »Nährstoffe« von dir, um energiegeladen, kraftvoll und gesund zu bleiben: erstens ein klares und eindeutiges JA zu dir, deinem Leben und deinem Mann-Sein in deinem Körper. Zweitens wünscht er sich Freude an dem, was du bist, und an dem, was du tust. Drittens deine Dankbarkeit ihm und dem Leben selbst gegenüber für all die Geschenke, die es dir jeden Tag macht. Und viertens deine Liebe, deine Liebe zu dir selbst, zu deinem Leben, zu deiner Arbeit und zu deinen Mitmenschen, nicht nur zu deiner Partnerin oder deinen Kindern. Wenn dein Körper schon deutliche Zeichen der Schwäche zeigt, dann mach dir bewusst, welche der genannten »Nährstoffe« du ihm bisher verweigert hast: Bejahung, Freude, Dankbarkeit oder Liebe?

Dass der »kleine Mann« des Mannes, sein Penis, auf Dauer nicht mehr kraftvoll als Phallus steht, ist auch kein Wunder, wenn die Freude und Begeisterung in den anderen Lebensbereichen fehlt. Ein erigierter Penis ist letztlich das äußere Zeichen eines Mannes dafür, dass er nicht nur Bock auf Sex hat, sondern Lust an sich selbst und an seiner Gesamtpotenz. Er zeigt, dass er sein Potenzial entfalten und in die Welt bringen will. **Dein Phallus ist dein kleiner »Freude-Mann«, der zum schlaffen Penis schrumpft, obwohl eine nackte Frau vor dir oder unter dir liegt, wenn du dich am Leben selbst nicht mehr erregst, wenn du keinen Bock mehr auf dich selbst hast und dein Leben nicht mehr »geil« findest.**

Wenn wir vor allem für die Arbeit leben und für die Leistung, um sagen zu können »Das und das und das habe ich geschafft«, wenn wir uns aufopfern und nur für andere, die Frau oder die Familie leben oder um das Haus abzuzahlen, aber nicht für uns selbst und den kleinen Jungen in uns, dann befinden wir uns energetisch schon in einer Abwärtsspirale. Wenn du dich hier wiedererkennst, könnte es dir am Ende deines Lebens mit großer Wahrscheinlichkeit so ergehen wie den Männern, die circa zwölf Wochen vor ihrem Tod der australischen Hospizschwester Bronnie Ware ohne Ausnahme zu Protokoll gaben:

»Ich wünschte, ich hätte nicht so hart gearbeitet. Das sagte jeder männliche Patient, den ich pflegte. Sie haben die Jugend ihrer Kinder verpasst und die Gesellschaft ihrer Partner (…) Alle Männer, die ich pflegte, haben es zutiefst bereut, so viel Lebenszeit in die Tretmühle der Arbeitswelt gesteckt zu haben.« (Bronnie Ware, *5 Dinge, die Sterbende am meisten bereuen*, Goldmann 2015)

Erschöpfung bis hin zu Burnout und Depression gehört zu den auffälligsten Krisenzeichen des Mannes. Beim Burn-out-Syndrom und der Depression ruft die Seele über den Körper ein verzweifeltes »STOPP! Jetzt reicht's!« Sie zwingt den Mann in die Waagerechte, er hat das Gefühl, Blei im Körper zu haben, das ihn nicht wieder aufstehen lässt. Auf diese Weise zwingt die Seele ihn, völlig aus dem Machen auszusteigen und bei sich selbst anzukommen, ganz besonders bei dem, was ihn psychisch bedrückt und auf ihm lastet. Der Körper zwingt ihn in den ungeliebten Gegenpol vermeintlich männlicher Stärke: in die Ohnmacht und Trauer, in das Fühlen seiner Hilflosigkeit und Schwäche. Genau das hat er sich in den Jahrzehnten ständigen Druckmachens und Zusammenreißens nie erlaubt oder immer versucht, es zu vermeiden.

Es sind tonnenschwere Lasten, die Männer im Vorfeld von Burn-out oder Depression bereits auf der Brust und auf den Schultern spüren, die sie mit sich schleppen, die den Rücken oft ächzen und sie nicht mehr frei durchatmen lassen. Besonders die nie gefühlte Trauer, die wir in vielen Männergesichtern sehen können, wird im Körper als Schwere wahrgenommen, aber nicht als Trauer erkannt. Chronisch unterdrückte Trauer und andere Gefühle werden zur Depression. Die Enge in Brust und Hals spiegelt die über Jahre chronisch verdrängten Ängste wider, die sich am Ende oft zu Panikattacken auswachsen.

Fast alle Männer, die ich mit solchen Symptomen in der Therapie oder in Seminaren traf, wussten im Inneren genau, dass sie sich das selbst eingebrockt hatten. Aber sie dachten, es gäbe keine Alternative zu ihrem Lebensstil, oder sie wussten nicht, wo sie anfangen sollten, etwas zu verändern. Das Maß des Leidens, das sie so lange verstecken, wie es nur geht, hat unter Männern mittlerweile solche Ausmaße angenommen, dass es jetzt zu einem allgemeinen Aufwachen und Umdenken kommen kann – auch weil die Ausfälle bisheriger Leistungsträger in unseren Firmen immer schwerer zu kompensieren sind. In meinen Männerseminaren erlebe ich immer wieder, wie schnell Männer zu einer Änderung bereit und in der Lage sind, wenn sie von Beispielen anderer Männer hören und deren konkrete Schritte aus ihrem alten Zustand heraus verstehen.

Noch einmal: Ich rede hier nicht von »Schuld«, wenn ich sage, dass wir Männer uns Krankheiten, Burn-out und anderes selbst einbrocken. Wir haben keine Schuld, sondern wir haben es unbewusst verursacht. Wir wollten das Beste, aber wussten nicht, was wir damit in und an uns anrichten. Wir haben unbewusst Ursachen gesetzt, die nach einigen Jahren ihre Wirkung entfalten. Sobald du anfängst, deine Verantwortung als Schöpfer dieser Entwicklung zu übernehmen, bewegst du dich aus einer Position der Ohnmacht und Handlungsunfähigkeit heraus und kannst anfangen, Wesentliches im Innen- und Außenbereich deines Lebens zu ändern.

An ihrem Bewegungsapparat und ihren Gelenken bekommen Männer die Folgen ihrer inneren Erstarrung, ihrer eingefahrenen Muster und Lebensweise jetzt ebenfalls zu spüren, auch viele von denen, die täglich joggen. Wenn wir uns geistig nicht mehr bewegen, innerlich auf der Stelle treten und das Leben mehr aushalten als genießen, registriert auch der Körper diese Stagnation und muss entsprechend reagieren. Anstatt wie ein Wilder zu joggen und vor seinen Gefühlen wegzulaufen, ist es sinnvoller, sich geistig, in seinem Bewusstsein, zu bewegen und zu wachsen. Wenn deine Beziehung festgefahren ist und du dich an deine Partnerin gewöhnt hast, wenn du nicht mehr neugierig auf sie und dich selbst bist, wenn im Bett nur mehr Routine oder Gymnastik stattfindet, wenn du deinen Job eher aushältst, dann geht auch dein Körper mehr und mehr in die Starre. Wenn zu lange einseitig Spannung da war anstelle des gesunden Wechselspiels von Spannung und Entspannung, dann reißen beim Sport schnell die Bänder, dann folgt der »Hexen-Warnschuss« oder der Bandscheibenvorfall. **In all diesen schmerzhaften Vorgängen liegt ein Geschenk, das die wenigsten bisher erkennen und annehmen: Es bringt dich zum Anhalten, damit du innehältst, deinen Kurs überdenkst und dir die Frage beantwortest: »Was treibe ich hier eigentlich in meinem Leben? Und warum mache ich das bisher so?«**

Durch Druck machende und angsterzeugende Gedanken wie »Ich muss es schaffen!«, »Ich darf nicht scheitern!«, »Ich muss durchhalten« und viele andere haben wir uns selbst in eine Tretmühle begeben und sind uns selbst zum größten Feind geworden. Das macht uns oft chronisch unzufrieden, sodass wir sauer auf uns selbst sind. Und so sauer beziehungsweise übersäuert sind auch die Körper der meisten Männer, weil sie diesen Ärger auf sich runterschlucken und der Magen auch dann Salzsäure produziert, wenn gar nichts gegessen wurde, was sich damit verbrennen ließe. Überprüfe mal mit einem Teststäbchen, auf das du pinkelst, das Säure-Basen-Verhältnis in deinem Körper. Sodbrennen, nervöser Magen, Gastritis und Magengeschwüre sind die Folge von stets runtergeschlucktem Ärger, vom gefühlsmäßigen Sauersein, verbunden mit einem hektischen Alltag ohne ausreichend Entspannung, Muße und Genuss. Viele von uns sind sauer auf sich, auf das Leben und auf eine Reihe von Mitmenschen. Welcher Mensch deiner Vergangenheit und Gegenwart liegt dir bis heute noch auf dem Magen, welche »Leiche« liegt bei dir noch im Keller, die du durch das »Pökelsalz« deines Ärgers immer noch frisch hältst? Für deinen Weg zum Frieden mit all deinen Arsch-Engeln, den Knöpfedrückern von heute und damals, kann ich dir mein Friedensbuch *Jetzt reicht's mir aber!* sehr ans Herz legen.

Je weniger wir uns die »alte Scheiße« unserer Vergangenheit anschauen und sie in das »Gold des Friedens« verwandeln (ja, wir können aus »Scheiße« Gold machen), desto mehr bleiben alter Ärger und Wut, Gram und Groll, Hader und Rachegefühle in unserem Körper stecken. Wir halten sie fest und davon sind auch bald unsere Organe betroffen. Seien es die superharten Gallensteine, die unsere eigene innere Verhärtung samt Wut und Hass festhalten, oder unser Darm, der das, was natürlicherweise und leicht gehen will, nicht loslassen kann, weil wir auf der nichtmateriellen Ebene so vieles festhalten, mit dem wir noch nicht im Frieden sind. Die Fälle von Darmkrebs steigen ebenfalls an.

Mit dem Loslassen haben viele Menschen ein Thema, weil sie nicht verstehen, dass dieses Loslassen, dass etwas gehen zu lassen keine mentale Angelegenheit ist, zu der man sich einfach entscheiden kann. Hier ist das Herz gefragt. Vor dem Loslassen heißt es, es anzunehmen und JA zu dem sagen, was du in dir und im Außen erschaffen hast. Erst wenn du Frieden machst mit deiner bisherigen Lebensgeschichte, mit Vater und Mutter, mit Bruder und Schwester, Ex-Partner und Ex-Chef und so weiter, erst dann lässt dich der eigene Unfriede los, dann lässt dich deine ganze Vergangenheit los, weil du verstanden hast, dass jede Begegnung, jede Beziehung und jedes Ereignis einen guten Sinn hatte und deinem inneren Wachstum und Erwachen diente. Dann kannst du dir selbst und allen anderen vergeben und erkennen: »Ich habe mich geirrt. Ich dachte, ich oder die anderen hätten sich damals anders verhalten können.« Nein, das konnten sie damals nicht, und du konntest es auch nicht. Etwas loszulassen heißt, erst einmal genau das annehmen und wertschätzen zu lernen, was du bisher abgelehnt hast. Dann lässt dich das los, was du bisher unbewusst durch deinen Groll festgehalten hast. Erst dann können die alten Wunden der Vergangenheit heilen.

Wer mehr über die Zusammenhänge zwischen Körper, Geist und Seele erfahren und den wahren geistigen Ursachen seiner körperlichen Beschwerden und Symptome auf die Schliche kommen will, dem empfehle ich sehr das große Lebenswerk der Belgierin Christiane Beerlandt *Der Schlüssel zur Selbstbefreiung. Enzyklopädie der Psychosomatik* mit seinen 1648 Seiten und Erläuterungen von über 1300

Erkrankungen und Symptomen. Es ist ein Buch, das in jede »Hausapotheke« gehört – neben den großartigen Werken von Rüdiger Dahlke wie *Krankheit als Sprache der Seele* und andere.

12. Die Flucht des Mannes in die Sucht

Hast du das Gefühl, ein freier, unabhängiger Mann zu sein? Kannst du mit dir allein sein, einen Tag lang oder eine Woche, und dabei mit dir und für dich da sein und dir selbst genügen, besonders dann, wenn es dir nicht gut geht? Fühlst du dich frei – oder abhängig von einem Menschen, einem »Stoff« oder einer Tätigkeit? Empfindest du eine Sehnsucht danach, frei, unabhängig und glücklich zu sein? Wonach sehnt sich dein Männerherz wirklich? Dies ist vielleicht die wichtigste Frage in jedem Männerleben: Was ist die tiefste Sehnsucht deines Herzens? Wenn du dir diese Frage noch nie beantwortet hast, dann bitte ich dich, mit ihr eine Weile »schwanger zu gehen«. Denn die Antwort kennt nicht dein Kopf, sondern nur dein Herz, das fast alle Männer schon früh verschlossen und stattdessen ihren Verstand zum Chef ihres Inneren gemacht haben. Doch nur dein Herz kennt deinen Weg ins wahre Männerglück. Dabei bleibt dein Verstand nicht außen vor. Alles, was du hier liest, ist natürlich auch für deinen Verstand bestimmt, der die Zusammenhänge im Leben verstehen will.

Jede Veränderung beginnt mit einem neuen Gedanken, mit einem neuen Denken über die Kernfragen des Lebens: **Wer bin ich? Wo komm ich her? Wozu bin ich da? Was will ich hier? Was kann ich hier? Wozu sind wir alle hier, Männer und Frauen? Was ist der Sinn von Leben, Gemeinschaft, Beziehung, Freundschaft, Liebespartnerschaft, Sexualität, Arbeit, Wirtschaft ...?** Du brauchst kein Philosophiestudium, um Antworten auf diese Fragen zu finden. Entscheidend ist, ob du eine gewisse Neugier auf deine ganz persönlichen Antworten hierauf verspürst. Ohne deine Antworten, nicht die von anderen geborgten, weißt du nicht, wohin du dein Lebensschiff steuerst. Dann fehlt dir der Kompass.

Was treibt dich persönlich in deinem Leben an? Wonach suchst du, und was tust du alles dafür, um das zu finden, was du suchst? Jeder von uns sehnt sich nach etwas, das wir als »Glücklichsein« bezeichnen. Aber was genau darunter zu verstehen ist und wie wir dorthin kommen, dafür bekamen wir in den ersten zwanzig Jahren unseres Lebens keine Anleitung. Mit hoher Wahrscheinlichkeit waren weder dein Vater noch deine Mutter glückliche Menschen, die dir das hätten vorleben oder vermitteln können. Und obwohl viele es doch »ganz anders« machen wollten als ihre Eltern, müssen sie sich mit vierzig oder fünfzig oft eingestehen, dass es ihnen zwar vielleicht materiell besser geht, aber dass sie auch nicht glücklicher als sie geworden sind. Wir kopieren in der

Mehrzahl immer noch die Denk- und Verhaltenswei-
sen unserer Eltern und dadurch auch ihre Lebensverläufe.

Zu wahrem, fühlbarem Lebensglück gehören neben
der Freude an dem, was wir sind und was wir tun,
der tiefe Frieden und eine hohe Zufriedenheit mit
dem, was jetzt ist und was in unserer Vergangenheit war. Und es gehört das Gefühl dazu, frei, unbe-
schwert und unabhängig unseren ganz eigenen Weg
gehen zu können. Freiheit und Unabhängigkeit fallen uns dabei nicht irgendwann in den Schoß und sie
können auf keiner Schule und in keiner Ausbildung
gelernt werden. Sie sind das Ergebnis einer klugen und
liebevollen Beschäftigung und Auseinandersetzung
mit allem, was sich in uns und in unserem Leben nicht
frei anfühlt. **Dein Weg in deine Freiheit führt durch
deine Auseinandersetzung mit all dem, was sich in dir
und in deinem Leben unfrei anfühlt, durch den Zustand und deine Gefühle von Abhängigkeit, Gefangen-
sein, Sackgasse, Tretmühle und Unfreiheit hindurch.**

Der »normale«, unbewusst lebende Mann, ganz gleich
ob er im Beruf erfolgreich ist, ob er eine Partnerin
oder einen Partner hat oder nicht, ist weder im Frieden mit sich selbst noch mit seiner Vergangenheit
und seinem heutigen Leben. Für viele ist es eine dif-
fuse, schwer greifbare Unzufriedenheit, die in und
an ihnen nagt. Der Grund ist, dass sie keine Urfreude
an sich selbst verspüren und sich nicht selbst das

schenken, was sie in der Kindheit von anderen brauchten. Das sind – wie schon beschrieben – Aufmerksamkeit, Anerkennung und Liebe.

Damals benötigte der Junge, der du warst, sie von mindestens einem Menschen, um psychisch zu überleben. Heute darfst du lernen, dir all das selbst zu schenken und dich selbst anzunehmen, wertzuschätzen, zu lieben und dadurch zu nähren. Und das geht nur über dein Herz. **Die größte und erste Sucht, die hinter allen anderen Süchten und Abhängigkeiten steht, die deine gefühlte Unfreiheit aufrechterhält, ist die Suche und die Sucht nach Anerkennung und Bestätigung durch andere in der Hoffnung, hierdurch die ersehnte Befriedigung zu bekommen.** Diese Hoffnung aber muss immer wieder enttäuscht werden. In deinen wahrhaften inneren Frieden kommst du nicht durch Malochen, Kämpfen, Durchhalten und nicht durch die Jagd nach deinen Zielen.

Wenn du als »Workaholic« süchtig nach Arbeit bist, dann hast du dich selbst vergessen und den Kontakt zu deinem Herzen verloren. Bei jedem suchtähnlichen oder anderweitig extremen Verhalten, ob beim Sport, beim Saufen, am Computer oder beim Sex, darf der Mann sich fragen: **Wovor will ich weglaufen, von was will ich mich wegsaufen oder wegbeamen, was will ich nicht sehen und vor allem: nicht spüren?** Der Computersüchtige flüchtet sich in eine virtuelle Welt, weil ihm die reale zu schwierig erscheint, weil sie ihn oft überfordert. Immer mehr Männer ziehen sogar das Pornovideo am PC dem wirklichen Sex vor. Hier müssen sie sich nicht mit einem Menschen auseinandersetzen, der mehr ist als ein Körper. Im Inneren spüren diese Männer aber, dass es keine wirkliche Lösung ist, sondern eine Notlösung, genauso wie der Gang in den Puff.

Die bei Männern verbreitetste Sucht ist die Arbeits- und Erfolgssucht. Hier sucht der Mann nach seinem Selbstwert und nach Befriedigung, die er ohne die Arbeit nicht empfindet. Aber selbst bei sehr erfolgreichen Männern, ob als Unternehmer oder Führungskraft, als Spitzensportler oder Künstler, ob Politiker oder Showstar, hält der Moment der Befriedigung über den erreichten Erfolg nur sehr kurz an. Ist das eine Ziel erreicht, muss schnell das nächste her. Im Kopf sind solche Menschen meist mit dem nächsten und übernächsten Projekt beschäftigt, aber sie sind nicht bewusst und genießen den Augenblick nicht. Sie sind nicht bei sich selbst. Die eigene Person verschwindet hinter dem Thema, mit dem sie etwas erreichen wollen. Was ist das? Die Bestätigung des eigenen Werts durch die Anerkennung von anderen, der Ersatz für die Liebe, die sie sich selbst nicht schenken.

Fallen Arbeit oder Erfolg weg, fallen Männer meist tief. Das Gefühl der Leere und Sinnlosigkeit beschleicht sie allerdings selbst dann, wenn ihre Arbeit erfolgreich ist, ihnen aber keine wirkliche Befriedigung verschafft. Diese Leere lässt den Mann verzweifelt nach etwas suchen, womit er sie füllen könnte. Es ist ein Mangelgefühl, das ihn glauben lässt, etwas von außen zu brauchen. Der eine findet es im Rauchen, Trinken oder in härteren Drogen, der andere im Sport, im Sex oder in der Spielsucht. Aber auch hier währt der Moment der Befriedigung nur kurz und schenkt keinen wahren Frieden.

Es geht mir hier um mehr als um den Umgang mit Süchten oder um die Frage, wie wir möglichst schnell davon wegkommen. Mir geht es um die grundsätzliche Frage, was uns wahre Befriedigung und Erfüllung verschafft und was echte Freiheit bedeutet. **Bei »Freiheit« denken die meisten nur daran, wie sie sich von etwas oder aus etwas befreien können. Die wesentlichere Frage stellen sich die wenigsten: Wofür will ich eigentlich frei sein, wofür soll meine Freiheit gut sein, und was mache ich mit ihr?**

Genau wie jede Krise und jede Krankheit einen tiefen Sinn hat und uns anschieben will, um etwas zu begreifen und etwas Neues zu gewinnen, so ist auch jede Sucht und Abhängigkeit zutiefst sinnvoll. Ja, du hast richtig gelesen. Solange wir sie nur als »Problem« begreifen, das weggemacht oder durch einen Entzug gelöst werden soll, können wir das Geschenk nicht auspacken, das darin liegt. Dann wartet die nächste Sucht schon hinter der nächsten Tür auf uns.

Die dunkle Nacht der Seele

In der einen, tiefen, dunklen Nacht der Seele,
wenn des Lebens Mut dich ganz und gar verlässt,
ist die Frage stumm nach dem, was dir noch fehle,
und dein Bett vom heißen Tränenstrom durchnässt.

Alles Sehnen, alles Hoffen scheint zu Ende,
nicht ein Stern erleuchtet jene finstre Nacht,
voll Verzweiflung hältst du Ausschau nach der Wende,
und dein Herz glaubt, dass es niemals wieder lacht ...

Diesen Pfad bin ich schon manches Mal gegangen,
und mir schien, ich sähe niemals mehr das Licht,
in mir starb voll Kummer jegliches Verlangen,
und ich fand den Ausgang aus dem Kerker nicht.

Doch da ward auf einmal mir der Fluch zum Segen,
dass das Leben stets sich wandelt mit der Zeit:
Sei'n es Rosen oder Dornen auf den Wegen,
nichts bleibt ewig, auch die tiefste Einsamkeit.

Und so weiß ich heut, die Welt kennt nichts von Dauer,
nur Veränderung – und sie trifft jedermann!
Recht behält der alte Spruch an einer Mauer,
denn fürwahr: Wo nichts mehr geht, fängt alles an ...

ANDREA GEGNER

13. Keine Frau kann dich glücklich machen

»Die Frauen« oder »die Frau« sind neben der Arbeit, dem Streben, Kämpfen und Erfolgreich-sein-Wollen das große Thema, das uns Männer – außer unseren homosexuell veranlagten Freunden – am meisten beschäftigt. Frauen faszinieren uns, ziehen uns an, machen uns neugierig und erregen uns nicht nur sexuell, sondern auch auf der emotionalen, mentalen und spirituellen Ebene. Frauen bewegen Männer in vielerlei Hinsicht. Das ist gut so, und dafür können wir ihnen dankbar sein, auch wenn unsere Erfahrungen mit ihnen zuweilen schmerzhaft und enttäuschend sind. Was suchen wir – außer sexueller Befriedigung – bei den Frauen? Haben sie etwas, was wir nicht haben? Wozu gibt es Frauen und Männer und was können beide miteinander machen, wie können sie sich begegnen, beschenken, bereichern, befruchten, anstatt sich das Leben schwer zu machen, sich zu verletzen und zu enttäuschen?

Die Beziehung zwischen Männern und Frauen scheint in den letzten Jahren komplizierter und konfliktreicher geworden zu sein. Das liegt an der Kraft, die in dieser Transformationszeit durch alle Bereiche unseres Lebens, durch alle Energiesysteme und Gemeinschaften und auch durch jede Frau und jeden Mann fegt. Diese Kraft ist die Urkraft, aus der alles Leben entstanden ist. Es ist die Liebe selbst. Und sie räumt in diesen Jahren mächtig auf, schüttelt alles durch und deckt all das auf, was nicht der Wahrheit und unserer ursprünglichen Natur entspricht, die LIEBE heißt. Die Beziehungen zwischen Männern und Frauen waren in den letzten Tausenden von Jahren nicht gerade von Liebe, Verständnis, Mitgefühl, Gleichwertigkeit, Würde und Zärtlichkeit geprägt, sondern häufig von Gewalt, Unterdrückung, Kampf, Aggression, Manipulation und Verstrickung in Schuld. Bis heute begegnet sich die Mehrheit der Männer und Frauen noch nicht liebend und ehrend auf Augenhöhe. Viele können dem anderen noch nicht seine Verantwortung für den eigenen Weg lassen und ihn dabei unterstützen, ohne sich fordernd, manipulierend oder berechnend in seine Angelegenheiten einzumischen.

Frauen wie Männer sowie ihre Partnerschaften und Ehen gehen jetzt durch einen radikalen Prozess der Klärung und Veränderung, vor dem sich auch kein Mann verschließen kann. Viele von uns spüren das jetzt, weil sie sehen, dass sich ihre Frau oder Partnerin vor allem innerlich weiterbewegt. Und wenn sich einer von beiden bewegt, lässt das den anderen nicht kalt. Entweder fängt er auch an, sich zu bewegen, oder er bleibt in einer hilflosen Starre, läuft weg, oder der Partner geht. Welche Erfahrungen hast du bisher mit Frauen und deiner jetzigen Partnerin gemacht, falls eine an deiner Seite ist? Bist du ein »gebranntes Kind«, ein enttäuschter »Ex« oder ein liebender, fröhlicher Partner an der Seite einer Frau? Was denkst und fühlst du Frauen gegenüber und über dich als Mann? Alles, was du über dich denkst, erzeugt deine Gefühle, deine Selbstachtung oder Selbstverachtung, deinen Stolz oder deine Scham, deine Freude oder deinen Gram. Und was du über dich denkst und fühlst, das strahlst du aus, und jeder – absolut jeder und erst recht eine dir nahe Frau – spürt das genau und muss darauf reagieren. Und auch was du über Frauen denkst und ihnen gegenüber entsprechend fühlst – seien es Unsicherheit, Angst und Aggression oder Bewunderung, Neugier, Freude und Liebe –, das drückst du unbewusst in deiner Ausstrahlung aus, und jede Frau »riecht«, was für ein Mann du bist.

In meinem Buch *Wahre Liebe lässt frei!* schildere ich die wichtigsten Ursachen, warum Männer und Frauen so selten zu sich selbst und zueinander finden und dort, wo sie auf Freude, Lust, harmonische Gemeinschaft, Sicherheit und Erfüllung hoffen, so oft Frust und Enttäuschung erleben. In diesem Buch hier möchte ich vor allem dem Mann aufzeigen, weshalb er in seiner Beziehung zu einer Frau oft unglücklich oder unzufrieden ist, und weshalb er immer wieder die gleichen Erfahrungen macht.

In der Schule und auch an der Universität lernen wir alles Mögliche, um einen Beruf erfolgreich auszuüben – das meiste davon benötigen wir im Leben oft nicht mehr. Dabei lernen wir so gut wie nichts darüber, wie wir unsere Lebenswirklichkeit erschaffen. Und auch über Liebe, Sexualität und die Unterschiedlichkeit von Frauen und Männern, über den Umgang mit Gefühlen, Erwartungen und Konflikten in einer Partnerschaft wird nichts gelehrt. Und so stolpert Generation um Generation zunächst euphorisch in eine Beziehung, hoffend, den Richtigen oder die Richtige gefunden zu haben, um über kurz oder lang im emotionalen Chaos zu versinken oder sich in routinierter Langeweile einzurichten.

Der größte Irrtum, der für viel Schmerz und Enttäuschung sorgt, liegt in der Überzeugung, ein anderer Mensch habe die magische Fähigkeit, uns glücklich zu machen. Wenn du schon ein paarmal in einer Beziehung enttäuscht wurdest, wirst du diesen Irrtum, diese Täuschung, vielleicht schon korrigiert haben. Nein, auch deine Traumfrau, falls du dir im Geiste eine »gebacken« hast, wird dich nicht glücklich machen können. Und nebenbei, wenn sie wirklich eine traumhaft tolle Frau ist, dann wird sie sich vermutlich nur mit einem entsprechend traumhaft guten Mann zufriedengeben. Mal ehrlich: Erkennst du in dir schon diesen traumhaften Mann? Ich frage dich mit einem Augenzwinkern: Warum sollte dich eine Frau über Jahre oder ein Leben lang mögen, lieben, verwöhnen und begleiten wollen? Nimm mal an, eine Frau, die dein Interesse und deine Hormone erregt, steht vor dir und sagt: »Also, mein Lieber, bevor ich mich auf dich einlasse und dich in mich hineinlasse, sag mir doch bitte in ein paar Sätzen, warum ich das tun sollte? Erzähl mir doch mal etwas Wesentliches von dir und deinem Mann-Sein, von dem, was dich und deine Wahrheit ausmacht.«

Da würden die meisten von uns ins Stottern kommen. Auch wenn das kaum eine Frau so direkt fragen wird, unbewusst will sie genau das von dir wissen: Was macht dich wirklich aus als Mann? Worauf ist dein Denken, Sprechen und Handeln ausgerichtet? Welche Werte sind dir heilig, und mit welcher geistigen Haltung und Einstellung zur dir selbst, zum Leben, zur Arbeit, zu Männern und zu Frauen gehst du durch dein Leben? Was soll dir das Wichtigste sein in deinem Leben? Die Antworten auf diese Fragen darfst und kannst du finden, und zwar in dir selbst. **Deine ganzheitliche Beziehung zu dir selbst und zum Leben und ihre Klärung darf zunächst mal im Mittelpunkt deines Interesses stehen. Ist all das von Liebe, Wertschätzung und Achtsamkeit geprägt? Wenn nicht, wird sich genau das in jeder Beziehung zu einer Frau als das größte Hindernis für euer Liebesglück erweisen. Nur du selbst hast die Macht und Fähigkeit, dich zu einem glücklichen Mann zu machen, und der Schlüssel heißt immer wieder LIEBE.** Natürlich brauchst du jetzt nicht zum einsamen Eremiten zu werden und dich jahrelang bemühen, dich selbst lieben zu lernen, bevor du dich auf eine Frau einlässt. Auch mit einer Frau an deiner Seite darf das dein wichtigstes »Projekt« werden und bleiben, wenn du nicht unter die Räder kommen oder zum Spielball ihrer Launen werden willst.

Unsere Enttäuschungen mit Frauen sind vor allem das Ergebnis von täuschenden, unwahren Gedanken, die wir über Partnerschaft und Liebe zu glauben gelernt haben. Unser romantisches Beziehungsideal, wonach es »die eine« gibt (in spirituellen Kreisen gern als die »Seelenpartnerin« bezeichnet), die wir nur finden müssen, um mit ihr glücklich zu sein, gehört auf den Scheiterhaufen der Transformationszeit, auch wenn es immer noch in unzähligen Schnulzen besungen wird.

Wenn zwei Menschen sich in der Liebe auf Augenhöhe begegnen und eine Verbindung eingehen wollen, dann darf jeder erst einmal etwas Eigenes darstellen, einen Menschen, der nicht nur finanziell auf eigenen Beinen steht, sondern in Liebe und Achtsamkeit gut für sich sorgen kann. Die alte Vorstellung von zwei Hälften, die erst gemeinsam zu etwas Ganzem werden und allein nicht vollständig sind, ist ein weiterer unwahrer Gedanke, der immer noch im Unbewussten vieler Menschen herumgeistert. Jeder von uns ist – auch ohne Partner – etwas Ganzes und Vollständiges. **Darum »braucht« es auch keinen Partner,** um ein glückliches Leben zu führen. Du kannst auch solo ein glückliches Leben führen. Wenn du glaubst, das nicht zu können, frag dich, was dir eine Partnerin geben soll, was du dir nicht selbst schenken kannst.

Solange das »Brauchen« in unseren Gedanken und Gefühlen herumgeistert, muss dies Mangel- und Enttäuschungserfahrungen nach sich ziehen. Denn es heißt genauer: »Mir fehlt etwas zu meinem Glück, was mir eine Frau schenken, was ich mir aber nicht selbst geben kann.« Das ist die Grundlage für Beziehungen, die Handelsgemeinschaften ähneln nach dem Motto: »Du gibst mir dies, und dafür gebe ich dir das zurück. Ich liebe dich, wenn du mich auch liebst.« Solche Wirtschaftsbeziehungen haben nichts mit Liebe zu tun, sondern mit dem Versuch, etwas zu bekommen und dann zu haben. Ich verurteile so etwas nicht, aber wir dürfen uns dann nicht wundern, wenn die Liebe schnell auf der Strecke bleibt.

Eine Partnerschaft der Liebe ist kein »Geben und Nehmen«, wie viele glauben, sondern ein Schenken und Sich-beschenken-Lassen, ohne Gegengeschenke zu erwarten oder gar darauf zu bestehen. Prüfe für dich in deiner Beziehung ehrlich: Was erwartest du von einer oder deiner Frau, wenn du ihr etwas schenkst oder etwas tust, das ihr Freude macht, wenn du sie zum Essen oder auf einen Wochenendausflug einlädst, wenn du etwas kochst oder sie mit etwas anderem überraschst? Ich kann verstehen, dass du zumindest ein großes »Danke!« von ihr erwartest. Aber was ist, wenn es ausbleibt oder in deinen Augen zu klein ausfällt und sie ausgerechnet nach diesem Geschenk von dir keine Lust hat, mit dir zu schlafen? Wenn du einem Menschen – nicht nur deiner Frau – etwas gibst, dann gib es, weil dir das Schenken echte Freude macht und weil die Freude daran wiederum dich beschenkt und erfreut. Berechnung und Erwartung sind Gift für die Liebe. Du kannst deine Wünsche äußern, aber wenn du darauf bestehst oder darauf wartest, dass sie dir erfüllt werden, hat es mit Liebe nichts zu tun.

Wenn der Mann den Weg zu einer liebenden, würdigenden und erfüllenden Beziehung zu einer Frau finden will, braucht er zunächst einen gesunden Abstand zu ihr, um zu sich selbst zu finden. Es ist deine ganz eigene Aufgabe, mit dir selbst ins Reine, in die Klarheit, in den inneren Frieden, in die Freude an deinem Leben, Arbeiten und Lieben zu gelangen, wenn du einer Frau ein gleichwertiger und liebender Partner sein und geachtet und geliebt werden willst. Diese Aufgabe freudig anzugehen und im Fokus deiner Aufmerksamkeit zu halten, lege ich dir sehr ans Herz. Auch wenn du verheiratet bist, wird es dir guttun, dich innerlich ein Stück von deiner Frau zu lösen, um dich dir selbst zuzuwenden, damit du – so paradox es klingt – ihr innerlich näherkommen kannst. Du selbst und dein Weg dürfen zum spannendsten Thema deines Lebens werden, du darfst dir selbst zum Liebespartner werden, dann kommt auch eine positive Spannung in eure Beziehung.

Wenn Mann und Frau zusammenkommen und zusammenleben wollen, dann begehen sie oft einen folgenreichen Denkfehler. Unbewusst denken sie: »Jetzt gehen wir unseren Weg gemeinsam.« Was daran falsch ist? Sie glauben oft, jetzt keinen eigenen Weg mehr gehen zu dürfen und zu müssen. Aber das ist ein großer Irrtum. **Wenn er und sie zusammenziehen oder heiraten, dann darf ab hier jeder zwei Wege gehen: Er geht seinen Weg, sie geht ihren, und gemeinsam gehen sie einen dritten Weg. Dieser dritte Weg ergibt sich aus den wirklichen Begegnungen miteinander und nicht dadurch, dass du mit einer Frau unter einem Dach wohnst. Das wäre eine Wohngemeinschaft, aber noch lange keine Liebesgemeinschaft. Darum gib deinen Weg, den du mit dir durch dein Leben gehst, nie auf. Noch besser wäre es, wenn du ihn ab jetzt noch viel bewusster gehen und gestalten würdest.** Das ist in keiner Weise gegen deine Frau gerichtet, im Gegenteil. Deine Identität besteht nicht darin, dass du der Partner einer Frau bist, sondern dass du erst einmal dein eigener Partner bist und mit dir und dem kleinen Jungen in dir deinen Weg gehst. Wenn du das nicht tust oder lernst, wirst du dich schnell im emotionalen Gestrüpp einer Beziehung verfangen und dich schlecht fühlen.

Was heißt das, deinen Weg mit dir selbst gehen? Es bedeutet zunächst, aufs Allerbeste für dich zu sorgen und alles daranzusetzen, dass es dir gut geht. Kümmere dich um deine Gedanken, deine Gefühle, deine Herzenswünsche und deinen Körper. Mach dir immer wieder klar, was du wirklich willst, was für dich stimmig ist, und erforsche, wie du Nicht-Stimmiges korrigieren kannst. Verbringe Zeit mit dir, nicht nur bei der Arbeit, sondern auch in der arbeitsfreien Zeit, und finde heraus, mit welchen Menschen du wirklich gern zusammen bist, unabhängig von Frau und Kindern. Das ist nicht egoistisch, sondern die größte Liebestat für deine Frau. **Ein Mann, der gut für sich sorgen kann, ist ein Segen für jede Beziehung und eine Entlastung für die Frau. Selbst dann, wenn die Frau das nicht würdigt, sondern kritisiert, weil das kleine Mädchen in ihr ihn gern möglichst oft und ganz für sich allein hätte.**

Die kleinen hungrigen Kinder in Mann und Frau, die sich so sehr nach Liebe und Aufmerksamkeit sehnen, weil sie damals nicht satt geworden sind, glauben, sie müssten möglichst viel mit dem Partner machen, so oft wie möglich zusammen und sich nahe sein. Das ist ein Irrglaube. Mit ihm stirbt die Liebe und erlischt das Feuer der Leidenschaft in den ersten Jahren schnell. Es fehlt an Sauerstoff, keiner von beiden bekommt genug Luft zum Atmen, wenn er in seinen Gedanken und Gefühlen ständig wie ein Sputnik um den Partner kreist oder sich gezwungen fühlt, ständig auf dessen Redeschwall, dessen Erwartungen, Vorwürfe, Sehnsüchte und Wünsche reagieren und eingehen zu müssen. Besonders Frauen haben das Talent, den Mann auf diese Weise an die Wand zu drücken. Und der reagiert dann gern mit Rückzug oder Flucht, geht entweder ins bockige Schweigen oder in den Keller, die Garage oder zum Sport. Das ist natürlich keine Lösung, und wenn du zu diesen »Flüchtlingen« gehörst, dann finde jetzt heraus, wie du deine Flucht beenden kannst.

14. Wenn zwei zusammenkommen, sind es immer vier

So wie in dir immer auch ein kleiner Junge steckt, von dem ich schon geschrieben habe und den du in der Meditation »Begegnung mit dem kleinen Jungen in dir« in Kapitel 4 vielleicht schon kennengelernt hast, so steckt auch in jeder Frau ein kleines Mädchen. Wenn wir anfangen, das zu begreifen, fangen wir auch an, uns selbst und unsere Partnerin zu verstehen und können anders mit ihr und mit unseren Gefühlen umgehen. Wir können unser Herz für das Mädchen in ihr öffnen und Mitgefühl und Verständnis für ihr Verhalten entwickeln. Für den kleinen Jungen in dir, für seine Freude, seine Ängste und seine Trauer, für seine Wünsche und Hoffnungen bist allein du zuständig. Und die Frau ist allein für die Befindlichkeit ihres kleinen inneren Mädchens verantwortlich. **Erst dann, wenn du als Mann beginnst, diesen kleinen Jungen in dir und seine Gefühle und Bedürfnisse wahrzunehmen, ihn anzunehmen, zu lieben und gut und immer besser für ihn zu sorgen, wirst du auch deine Partnerin und das Mädchen in ihr immer besser verstehen und anders als bisher auf sie reagieren können.**

Jeder von beiden bringt seine ganze Geschichte, alle Erfahrungen samt allen Enttäuschungen, Kränkungen und Verletzungen mit in die Beziehung ein. Jede Beziehung dient *auch* dazu, diese alten Wunden zu berühren, aufzudecken und sie heilen zu lassen. Jede Beziehung ist auch eine Heilbeziehung. Erst dann wird sie zu einer Liebespartnerschaft, in der sich beide entdecken, wachsen, reifen und sowohl sich selbst als auch dem anderen näherkommen können.

In der Phase der Verliebtheit tendieren wir dazu, all das, was wir an uns nicht mögen, sowie die Wunden der Vergangenheit möglichst auszublenden. Wir versuchen, uns von unserer Schokoladenseite zu zeigen, und die Frau tut es genauso. Wir wollen sie beeindrucken und für uns einnehmen und uns nicht als ein Mensch mit vielen Baustellen präsentieren. Verliebtheit macht in gewisser Weise aber auch blind für das, was am anderen unserem Idealbild nicht entspricht. Das ist nicht schlimm, sondern gehört zu dieser Phase der »Hormonstörung«, in der die Schmetterlinge im Bauch möglichst lange fliegen sollen. Verliebtheit hat aber noch nichts mit Liebe zu tun, sondern erst mal nur mit der Kraft der meist erotischen Anziehung. Sie wird durch ganz bestimmte Reize ausgelöst, die notwendig sind, damit wir uns erst einmal aufeinander einlassen. Aus Verliebtheit kann Liebe erwachsen, wenn sich einer von beiden für den Mut zur Wahrhaftigkeit entscheidet.

Zunächst landen wir meist möglichst bald mit der Frau im Bett, reiben erregt unsere nackten Körper aneinander, aber unsere inneren Kleider haben wir da noch lange nicht abgelegt. Wir können uns noch nicht so zeigen, wie wir wirklich sind – mit allem, was wir mit uns herumschleppen. **Wir machen uns eine Vorstellung, ein Bild vom anderen und verlieben uns in dieses Bild, aber nicht in den Menschen selbst, wie wir glauben. Je länger diese Vorstellung, diese Illusion, in einer Beziehung aufrechterhalten wird, umso größer ist die Enttäuschung, umso tiefer fallen wir aus der Täuschung heraus, die wir uns im Kopf zurechtgelegt haben.**

Wann immer es zu Reibung, Streit und Auseinandersetzungen in einer Partnerschaft kommt, sind die kleinen Kinder in beiden voll in Aktion. Wenn deine Partnerin zum Beispiel ärgerlich ihre Unzufriedenheit ausdrückt, kannst du da ruhig bei dir bleiben und sagen: »Kann ich dir was Gutes tun? Darf ich dich einfach mal in den Arm nehmen?« oder »Ich glaub, ich kann nachfühlen, wie es dir gerade geht«? Die meisten Männer empfinden bei solchen Gelegenheiten schnell ein schlechtes Gewissen und fragen sich: »Hab ich was falsch gemacht?« Sie fühlen sich schuldig und stehen dann sofort bei der Frau in der Schuld. Jeder Satz von ihr mit »Du solltest dies ...« und »Das hättest du nicht tun sollen ...«, der bei ihm auf fruchtbaren Boden fällt (auf den er also verärgert oder hilflos und betroffen reagiert), setzt ihn ins

»Soll« statt ins »Haben« und vergrößert seinen empfundenen Schuldenberg. Wenn dich solche Kritik und ähnliche Vorwürfe schnell aus der Fassung bringen, dann ist deine Kritik an dir selbst die Ursache dafür. **Wer mit sich selbst hart ins Gericht geht und sich vieles vorwirft, was er angeblich »falsch« gemacht hat, anstatt mit sich selbst liebevoll, verzeihend und fürsorglich umzugehen, der fordert andere dazu auf, ihn zu kritisieren und anzuklagen. Die Kritik von außen oder die fehlende Wertschätzung ist dann nur das Echo des eigenen inneren Kritikers und Richters.**

Vielleicht hast du dich schon gefragt, warum deine Partnerin oder die Frauen deines Lebens sich dir gegenüber oft oder immer wieder so »unangenehm« verhalten haben. Ich vermute: Erstens, weil sie nicht anders konnten, und zweitens, weil sie mit sich und ihrer Vergangenheit nicht im Frieden sind und das kleine wütende Mädchen in ihnen noch nicht ihr Herz gefunden hat, von ihnen noch nicht gesehen und geliebt wird. Und drittens, weil es »ihr Job« ist in eurer Beziehung, genauso wie du nicht vermeiden kannst, unbewusst ihre Gefühlsknöpfe zu drücken, solange der kleine Junge in dir sich noch nicht in deinem Herzen angekommen und geliebt fühlt, solange seine Gefühle von dir noch nicht bewusst durchfühlt werden.

Ich habe in meinem Friedensbuch über die »Arsch-Engel« unseres Lebens (*Jetzt reicht's mir aber!*) ausführlich beschrieben, warum gerade die Menschen unserer nächsten Umgebung unsere Knöpfe drücken *müssen*. Und auch, wie wir aus diesem Kreislauf von Anklage und Vorwürfen einerseits und Rechtfertigung, Entschuldigung und schlechtem Gewissen andererseits hinausfinden.

15. Was kritisieren Frauen bisher an dir?

Das Selbstbewusstsein und die gefühlte Lebensqualität des Mannes hängen heute wesentlich davon ab, wie er sich von Frauen wahrgenommen und anerkannt fühlt. Er hat – wie gesagt – verlernt, oder vielmehr nie gelernt, sich selbst das zu schenken, was er sich von Frauen wünscht: Liebe, Wertschätzung und Unterstützung auf seinem Weg. Unsere Mann-Frau-Beziehungen kranken vor allem daran, dass diese beiden Menschen nicht gut »in sich selbst stehen« und noch keine liebevolle, ermutigende und unterstützende Beziehung mit sich selbst pflegen. Es sind oft zwei, die sich gegenseitig brauchen und dadurch auch missbrauchen. Das geht der Frau nicht anders, die sich vom Mann die Bestätigung wünscht, dass sie attraktiv, schön und begehrenswert ist, weil sie selbst nicht davon überzeugt ist.

Für viele Frauen ist es zur Gewohnheit geworden, Männer zu kritisieren, herabzusetzen und ihnen die Schuld an ihrer Unzufriedenheit, ihrem Unglück oder ihrer Unerfülltheit zuzuschieben. Das haben schon Generationen von Müttern so gemacht. Und obwohl viele Frauen es doch ganz anders machen wollten als ihre Mutter, tun sie es ihr oft gleich. Dieser Kritik steht der Mann meist hilflos, kleinmütig und schuldbewusst gegenüber. Die häufigsten Vorwürfe von Frauen an Männer lauten:

- »Ihr wisst nicht, was Frauen brauchen!«
- »Ihr versteht uns nicht!«
- »Ihr unterdrückt und missbraucht Frauen und Kinder!«
- »Ihr zeigt keine Gefühle!«
- »Ihr tut nichts für die Beziehung!«
- »Ihr habt nur eure Arbeit im Kopf!«
- »Ihr entwickelt euch nicht weiter; ihr arbeitet nicht an euch!«
- »Ihr kennt unsere Körper nicht!«
- »Ihr habt keine Zeit für uns und die Kinder!«
- »Ihr bringt das Geld nach Haus und den Rest dürfen wir machen!«
- »Ihr macht uns Angst mit eurer geladenen Aggression!«
- »Ihr trinkt zu viel!«
- »Ihr seid Waschlappen; wenn es ernst wird, habt ihr Schiss!«
- »Wenn ihr pensioniert seid, seid ihr nur noch Ballast!«
- »Ohne euch sähe die Welt besser und friedlicher aus!«

Das sind zum Teil grobe Geschütze, die sicher nicht jede Frau gegen ihren Mann oder »die Männer« auffährt. Aber den einen oder anderen Satz hast du vermutlich selbst schon von einer oder deiner Frau gehört. Männer haben ganz offensichtlich bei vielen Frauen keinen guten Ruf, sie werden von ihnen wie Täter angeklagt. Das kennen wir schon bald vierzig Jahre, seit der Frauenbewegung in den Siebzigern, die notwendig und segensreich war und viele Frauen ermutigt hat, neue Wege zu gehen. Dass sich viele jedoch durch ihre Anklagen selbst zu Opfern der Männer erklären und damit den Graben zwischen den Geschlechtern immer aufs Neue ausheben und Krieg führen, scheinen die wenigsten zu bemerken. Aus ihrer eigenen Ratlosigkeit heraus pflegen sie ihr Opferbewusstsein, anstatt sich selbst an ihre Schöpfernasen zu fassen und sich klarzumachen, dass sie selbst für den Zustand ihrer Seelen, Körper und Beziehungen verantwortlich sind.

Sich gegen dieses kollektive Männer-Abwatschen zu verteidigen oder gar mit Gegenangriff zu reagieren, wäre unsinnig und würde den Graben nur vertiefen. Wichtiger erscheint mir zu verstehen, was wir Männer und die Generationen vor uns tatsächlich dazu beigetragen haben, dass Frauen über Männer heute so denken. Und dass wir herausfinden, was wir selbst tun können, damit es in unseren Beziehungen wieder zu einer sich gegenseitig verstehenden, würdigenden und liebevollen Begegnung und schließlich zum Tanz zweier Liebender kommen kann.

Wenn wir uns von Frauen eine andere Einstellung uns Männern gegenüber wünschen, die von Achtung, Würdigung und Wertschätzung geprägt ist, dürfen wir erst einmal lernen, uns selbst zu achten und zu lieben. Der Mann, der versucht, es den Frauen oder seiner Frau recht zu machen und sich ihren Wünschen und Erwartungen anzupassen, wird immer wieder scheitern. Wenn du dich bisher von deinen Partnerinnen kritisiert, abgewertet und klein gemacht fühlst, dann ist das kein Fehler oder Unglück. Es geschieht und geschah deshalb, damit du an ihrem Verhalten dir gegenüber und an deiner Reaktion darauf erkennst, wie du selbst innerlich mit dir umgehst und zu dir stehst.

Wer von anderen nicht respektiert wird, der empfindet auch wenig Respekt sich selbst gegenüber. Wer von seiner Frau beschimpft wird und darunter leidet, der ist aufgefordert, sich seine eigenen Selbstvorwürfe und Schuldgefühle bewusst zu machen. Männer, die vor lauter schlechtem Gewissen, Frust und Minderwertigkeit mit dem Kopf unterm Arm daherkommen, dürfen sich nicht wundern, wenn sie noch einen Tritt in den Hintern erhalten und verachtet werden. Das hat zwar nichts mit Liebe zu tun, aber deine Partnerin kann dann nicht anders, da sie sich selbst noch nicht lieben gelernt hat. Ihr Verhalten dir gegenüber und deine emotionale Reaktion darauf sind ein erstklassiger Spiegel deiner Beziehung zu dir selbst. Darum geraten wir immer an die richtige Partnerin, eine, die wir jetzt benötigen, um vor allem etwas über uns selbst zu erfahren.

So sind unsere Frauen zum einen Engel, mit denen wir köstliche Stunden verbringen, und zum anderen sind sie die besten »Arsch-Engel« für uns, die unsere Knöpfe drücken und uns an den empfindlichsten Stellen treffen, die Angst, Wut, Ohnmacht, Schuld-, Scham- und Versager-Gefühle in uns hochholen und uns nicht selten zur Verzweiflung treiben. Dieser »Dienst« der Frauen an den Männern ist segensreich, egal wie unbewusst sie dabei handeln. Warum? Weil wir sonst ewig so weitermachen würden wie bisher und den Hintern nicht hoch bekämen, um uns aufzumachen zu einem anderen Männerleben, das mit Aufrichtigkeit, Wahrhaftigkeit, Klarheit und großer Freude einhergeht. Wenn du dir jedoch eine Frau wünschst, die brav, nett und angepasst ist und dir deine Wünsche von den Augen abliest, vielleicht so ein zahmes Hascherl vom Land oder eine süße kleine Asiatin, dann schenk das Buch hier lieber einem Freund, der wirklich wissen will, wie er als Mann aufrecht zu gehen lernt.

Was auch immer deine Frau an dir auszusetzen und zu kritisieren hat, die Frage ist erst einmal nicht, ob sie recht hat, sondern wie du darauf reagierst, innerlich und äußerlich. Wenn dich ihre Kritik trifft, dann betrifft sie dich auch, das heißt sie trifft einen wunden Punkt in dir, der von dir angeschaut, geklärt und geheilt werden will. Würde es dich nicht betreffen,

könntest du ruhig und gelassen bleiben und ihr innerlich wünschen, dass sie mit sich selbst in den Frieden
kommt.

Ich empfehle dir, einmal in Ruhe eine Liste zu machen
mit alldem, was dir deine Frau oder Ex-Partnerinnen
vorgeworfen haben. Nimm dir dazu einen Abend Zeit
und beschäftige dich in den folgenden Tagen mit dieser Liste. Frage dich: »Was könnte an dieser Kritik
wahr sein? Was davon werfe ich mir selbst innerlich
vor? Wofür fühle ich mich schuldig? Wofür schäme
ich mich tief innen?« Und schau dir besonders die
Punkte an, die dir sehr unangenehm sind, zum Beispiel
Sätze wie:

- »Du bist für mich kein wirklicher Mann!«
- »Du gehst nicht auf mich ein.«
- »Du lässt dich gehen!«
- »Du schaust mich nie an.«
- »Du hörst mir nicht wirklich zu.«
- »Du machst nichts aus dir.«
- »Du verschließt dich mir.«
- »Du weißt nicht, was du willst.«
- »Du liebst mich nicht.«
- »Du bringst es einfach nicht.«
- »Du bist nicht beziehungsfähig.«

In einigen Punkten wirst du vermutlich erkennen, dass
du schon mal ähnlich über dich gedacht hast. Wenn
dich einer der Vorwürfe schmerzt oder Wut in dir

auslöst, dann berührt er eine innere Wunde in dir. Auf solche Sätze mit Gegenkritik oder mit schmollendem Rückzug oder Türenknallen zu reagieren, wie das der »Normalmann« oft tut, ist zwar menschlich verständlich, bringt aber rein gar nichts.

Stattdessen empfehle ich dir, zusätzlich zur Liste der Vorwürfe der Frauen an dich eine zweite Liste mit all dem anzufertigen, was du dir selbst innerlich oft oder hin und wieder um die Ohren haust. Dabei wird dir klar, wie viele Urteile du über dich gefällt hast und aufrechterhältst, wie hart du mit dir ins Gericht gehst und wie viel Macht du deinem inneren Kritiker gibst, dich fertigzumachen. Es ist ein Zeichen von Mut, sich radikal ehrlich seine Selbstverurteilungen bewusst zu machen. Es ist der erste Schritt zum Frieden in dir. Der nächste ist, dir die Härte und Lieblosigkeit zu vergeben, die in deinen verurteilenden Gedanken über dich stecken, und deine Urteile zurückzunehmen, das heißt, dir zu vergeben, was du dir innerlich über viele Jahre angetan hast. Wer mit sich selbst im Krieg liegt, der fordert andere dazu auf, ihm ebenfalls den Krieg zu erklären und ihn niederzumachen. Wer sich inneren und äußeren Frieden wünscht, der darf mutig, aufrichtig, geduldig und liebevoll durch seinen eigenen Unfrieden gehen und ihn verwandeln.

Hoffe und warte also nicht darauf, dass deine Partnerin oder die Frauen sich ändern. Fang damit bei dir selbst an. Ob und wann deine Partnerin sich ändert, das ist weder deine Angelegenheit noch liegt es in deiner Hand. Wenn dich deine Partnerin allerdings ständig angreift oder auf lieblose Weise behandelt, weil sie das kleine bedürftige Mädchen in sich noch nicht liebend und mitfühlend annimmt, kannst du dich fragen, ob du das auf Dauer haben musst. Ohne sie anzugreifen, kannst du ihr sagen: »Ich wünsche mir zwischen uns einen liebevolleren Umgang.« Allerdings hat solch ein Satz kaum Wirkung, solange du ihr und dir selbst nicht liebevoll begegnest.

Viele Frauen haben in den letzten Jahren mutige Schritte mit sich selbst gemacht. Sie haben in Büchern und Seminaren nach Wegen gesucht, ein glückliches Leben zu führen. Mehr und mehr von ihnen finden sich nicht mehr damit ab, das Leben nur auszuhalten, sich für andere aufzuopfern und frustriert und krank auf der Strecke zu bleiben. Damit haben die Frauen entscheidende Schritte getan und bei vielen Männern das Gefühl ausgelöst, mit dem Rücken zur Wand zu stehen. Aber sie haben auch sehr viel positive Bewegung in ihre Männerbeziehungen gebracht. Wenn der Mann, der seine Frau liebt, sieht, wie sie beginnt, sich selbst mehr zu lieben anstatt anzuklagen, dann motiviert das irgendwann auch ihn, bei sich selbst hinzuschauen und mehr für sich und sein inneres Wohlbefinden zu tun. Die meisten Frauen sehnen sich danach, dass wir Männer jetzt auch unseren Hintern bewegen, unser Herz öffnen, unsere Gefühle ausdrücken, ohne anzuklagen, und unser Lebensglück in die eigenen Hände nehmen.

Immer wieder erlebe ich Frauen, die ihren Partner mit in meine Vorträge und Tagesseminare bringen oder ihm ein Seminar schenken. Auch wenn einige am Anfang mit Skepsis dorthin kommen, höre oder spüre ich schon in der ersten Pause bei den Männern ein Aufatmen, dass es hier nicht gegen sie geht, sondern dass sie sich endlich einmal richtig wahrgenommen und verstanden fühlen. Die Erkenntnis von Männern wie Frauen, dass sie letztlich dasselbe Thema haben und sich gegenseitig wunderbar unterstützen können auf dem Weg in eine Partnerschaft der Liebe und Wahrhaftigkeit, ist oft für beide überraschend und beflügelnd. Wir Männer können den Frauen dankbar sein, dass sie sich selbst und dadurch auch uns bewegen, zu einer neuen Art und Qualität der Liebe aufzubrechen, die für unsere Eltern und Großeltern noch unvorstellbar war.

16. Deine Mutter –
die größte Tür in deine Freiheit

Manche von uns wissen oder ahnen inzwischen, dass die Erfahrungen, die wir mit unserer Mutter in der Kindheit gemacht haben, in enger Verbindung mit unseren heutigen Themen mit Frauen stehen. Aber den meisten Männern ist weder das Ausmaß dieses Zusammenhangs bewusst, noch haben sie einen wirkungsvollen Weg gefunden, diese Erkenntnis zu nutzen, um die Beziehung zu ihrer Frau oder Partnerin entscheidend zu verändern. Darum möchte ich hier darauf besonders eingehen.

Ob du es glaubst oder nicht: Etwa 80 Prozent aller »Probleme« oder Themen, die Männer mit ihren Frauen haben (Enttäuschungen, Auseinandersetzungen, Streitereien, Trennungen), sind auf ihre innere Beziehung zu ihrer Mutter der Kindheit zurückzuführen. Das wird manchem übertrieben erscheinen, aber meine Erfahrungen in Seminaren und Therapien bestätigen mir das seit vielen Jahren immer und immer wieder. Das ist unabhängig davon, was für eine Mutter du hattest, ob eine warmherzige oder kühle, eine verständnisvolle oder verurteilende, eine anwesende oder abwesende. Auch wenn du sagst, dass du eine gute Mutter und eine schöne Kindheit gehabt hast, wirst du dir die Augen reiben, wenn du entdeckst, welchen Einfluss deine Mutter auf deine Frauenbeziehungen und dein Verhalten als Mann hatte und hat. Denn das, was in den ersten Jahren, ja bereits im Bauch deiner Mutter, mit dir geschah, entzieht sich weitgehend deinem Bewusstsein und sitzt dennoch lebendig in dir. Jede Sekunde seit deiner Zeugung ist in dir gespeichert mit allem, was du gefühlt und gedacht, erlitten und genossen und schon sehr früh entschieden hast. Und es steuert dich, deine Befindlichkeit und dein Verhalten vor allem deiner Partnerin gegenüber.

Deine Mutter war und ist die erste Frau in deinem Leben. Und der kleine Sohn, der du warst, hat über all die Jahre der Kindheit versucht, ihre Aufmerksamkeit und Liebe durch verschiedene Strategien zu erhalten. Durch Anpassung, Brav- und Liebsein, durch Helfen oder Retten, durch Beeindrucken, Fleiß oder »Starksein«. Und bei manchen war es das Rebellieren oder das häufige Kranksein, was ihnen ihre besondere Aufmerksamkeit einbrachte. Unser Kopf glaubt, die emotionale Abhängigkeit würde mit unserem Auszug von zu Hause enden, aber hier täuscht er sich gewaltig. Nach außen hin scheint der junge Mann frei zu sein, er kann tun und lassen, was er will. Aber im Inneren ist er mit seiner Mutter in hohem Maße verstrickt. Weil er sich dieser Verstrickungen aber selten bewusst ist und sie daher (noch) nicht lösen kann, gerät er mit seinen Partnerinnen in immer wieder ähnliche, unangenehme Situationen, in denen er sich oft hilflos und handlungsunfähig fühlt und die er nicht versteht. Das liegt nicht an seiner Partnerin, wie er glaubt, sondern an seiner inneren Beziehung zur Mutter seiner Kindheit. Es ist dabei völlig egal, ob seine Mutter noch lebt oder nicht, oder ob er in Frieden mit ihr und seiner Kindheit ist oder nicht. Die vielleicht noch lebende Mutter hat mit der Mutter der Kindheit wenig zu tun; die beiden befinden sich im Bewusstsein des Mannes auf zwei verschiedenen »Filmrollen«.

Hast du dir schon einmal überlegt, welche Ähnlichkeiten es zwischen den Eigenschaften oder dem Verhalten deiner Partnerinnen und deiner Mutter von damals gibt? Denk darüber nach. Es lohnt sich. Was wollte deine Mutter immer von dir, und was hat sie versucht, dir auszutreiben, was hat sie abgelehnt? Und wie hast du dich als Kind deiner Mutter gegenüber angepasst, und wie machst du es heute in deiner Beziehung? Worauf reagierst du heute verärgert, wütend oder enttäuscht bei deiner Partnerin, und wie hast du einst auf deine Mutter reagiert? Mach am besten auch hierzu eine Liste, in der du die Parallelen notierst, und wundere dich nicht, was da zusammenkommt.

Vielleicht wirst du auch sagen, dass deine Partnerin das genaue Gegenteil von deiner Mutter ist, und du glaubst, damit träfe dieser Zusammenhang nicht auf dich zu. Aber auch hier kannst du die Verstrickungen mit deiner Mutter erahnen. Denn die unbewusste Wahl hieß hier oft: Ich will alles andere, nur nicht so etwas wie meine Mutter als Partnerin haben. Aber all das, was du an deiner Mutter von damals abgelehnt hast, lehnst du nach wie vor ab. Hierauf deutet deine Wahl einer Partnerin als Gegenpart zu deiner Mutter.

Durch die jahrelange Abhängigkeit und das oft enge Verhältnis zur Mutter haben wir in unserem Kopf Tausende von Bildern gespeichert, auf denen unsere Mutter eine Rolle spielt, und diese können wir nicht einfach löschen wie bei einer Kamera. Wenn wir heute Frauen begegnen, dann spielen diese inneren Bilder eine große Rolle, denn unser Unterbewusstsein zwingt uns, durch sie hindurch unsere Außenwelt und im Fall der Mutter die Frauen wahrzunehmen. **Diese Bilder und die mit ihnen verbundenen Empfindungen und Gefühle stehen zwischen unserem Verstand (unserem Projektor) und unserer Partnerin (der Leinwand), das heißt, wir schauen immer durch unsere Mutterbilder und -erinnerungen auf unsere heutige Partnerin, solange wir uns nicht aus unseren Mutterverstrickungen befreit haben.** Es klingt verrückt, aber wir können eine Frau, die uns nahesteht, nicht als die erkennen, die sie wirklich ist, sondern unser Bild von ihr ist immer verzerrt durch die Projektion unserer inneren Mutterbilder auf sie und durch die entsprechende emotionale Verstrickung. Das gilt genauso für alle Frauen und ihre Vaterbeziehung im Zusammenhang mit ihrem Männerbild und ihren Männerbeziehungen. Wenn deine Partnerin oft mit dir unzufrieden ist, meint sie in Wirklichkeit meist ihren Vater und nicht dich, weil ihre verstrickte Vaterbeziehung zwischen ihr und dir steht.

Da unsere Mutter die erste Frau in unserem Leben war und wir jahrelang körperlich, mental und emotional von ihr abhängig waren, ist unser Frauenbild und unser Verhalten Frauen gegenüber vor allem durch sie geprägt. Darum »arbeiten« wir so oft an der falschen Baustelle, wenn wir versuchen, etwas mit unserer Partnerin zu klären, womit sie ursächlich gar nichts zu tun hat. Und darum greifen auch die Paartherapien meist nicht, die sich auf den Umgang der beiden miteinander konzentrieren oder auf die Frage, wie man miteinander »richtig« streitet oder »richtig« redet. Bevor wir nicht an die Ursachen gehen, an das, was im Inneren von Mann und Frau in der Person des kleinen Kindes in völliger Unfreiheit ohnmächtig, traurig, wütend, schuldbewusst oder beschämt existiert, werden sich Männer und Frauen immer neu in Sackgassen wiederfinden und sich gegenseitig und sich selbst Vorwürfe machen und verurteilen.

Deine »innere Mutter« ist die größte Tür in deine Freiheit, und jeder Mann, der sich in seiner Partnerbeziehung Freiheit, Frieden, Verständnis und ein würdigendes

Lieben wünscht, wird durch diese Tür gehen und seine Verstrickungen mit seiner Mutter lösen dürfen. Hierzu hast du mit meiner Meditations-CD »Die Mutter meiner Kindheit« das beste »Werkzeug« an der Hand. Aber bevor du dir die drei Meditationen dieser CD über einen längeren Zeitraum von zwei Monaten gönnst, mach dir bitte folgende Zusammenhänge klar:

Welche Gefühle auch immer deine Frau in dir auslöst, sei es Wut oder Hass, Hilflosigkeit oder Ohnmacht, Schuld oder Scham, Trauer oder Eifersucht, es ist immer der kleine Junge in dir, der sich so fühlt, und nicht der erwachsene Mann. Diese Gefühle hast du vor allem im Zusammenleben mit deiner Mutter (und auch mit deinem Vater) erschaffen und gut in dir versteckt. Deine Frau sowie oft auch deine Kinder wecken diese Gefühle wieder in dir auf, und – ich wiederhole es nochmal – das ist ein sehr sinnvoller Vorgang. Natürlich will kaum ein Mann ein kleiner Junge sein, aber dennoch benehmen sich viele von uns ihrer Frau gegenüber wie einer, wenn sie ihre Knöpfe drückt. Und entsprechend werden sie dann auch von ihren Frauen behandelt.

War deine Mutter eine Glucke, die jeden deiner Schritte kontrollierte, oder eine, die dich mit ihrer »Liebe« schier erstickte? Dann ist es nicht verwunderlich, wenn du auf Fragen, Vorwürfe, Kritik und Forderungen deiner Frau allergisch reagierst und mitunter glatt ausrastest, statt in aller Ruhe zu fragen: »Ist dies jetzt meine Angelegenheit oder deine?« Du kannst nicht gelassen, authentisch und konstruktiv reagieren, wenn der kleine Junge in dir noch tobt und versucht, sich aus dem »liebenden« oder kontrollierenden Würgegriff der Mama zu befreien, oder wenn er sich noch sehnsüchtig an ihre Brust zurückwünscht. Das hat mit deiner Frau nichts zu tun. Sie ist nicht die Ursache deiner Gefühle, sondern sie löst sie in dir nur aus. Und das ist – wie gesagt – ihr »Job«, darum hast du sie unter anderem angezogen.

Wir Männer werden nicht dadurch erwachsen und zum Mann, indem wir uns zusammenreißen oder nett sind und den Mülleimer hinuntertragen. Das mag dir Pluspunkte bei deiner Frau einbringen, aber innerlich wird sie dich als Mann deshalb nicht mehr respektieren. Und auch für deine Coolness oder deine Macker-Show wird dich keine reife, erwachsene Frau ehren und achten. Das wirst du nur erreichen, wenn du den inneren Weg gehst und dafür sorgst, dass der kleine Junge in dir seinen väterlichen und zugleich mütterlichen liebenden Mentor in dir, dem erwachsenen Mann, findet. Dieser innere Junge glaubt nach wie vor, von seiner Mutter Anerkennung und Liebe zu brauchen, und überträgt diese Sehnsucht auf die Partnerin. Diese will aber kein zusätzliches Kind, sondern einen richtigen Mann, der für sich selbst steht und »selbstständig« gut für sich sorgt. **Die Frau ist nicht die emotionale Tankstelle des Mannes, bei der er ab und zu stoppt, um sich aufzuladen oder sich ein**

bisschen Geborgenheit und Anerkennung zu holen, um sich dann wieder in seinen Job zu stürzen.

Wenn du eine kühle oder oft abwesende Mutter hattest, dann hast du als kleiner Junge höchstwahrscheinlich darunter gelitten. Was glaubst du, wonach er sich bis heute noch in dir sehnt? Nach Nähe, Wärme, Herzlichkeit und Geborgenheit. Also erwartest du als erwachsener Mann – meist unbewusst – genau dies von deiner Frau. Es ist aber nicht der Job deiner Frau, deine in der Kindheit unbefriedigten Bedürfnisse zu befriedigen, auch wenn der Kleine in dir noch so gierig oder sehnsüchtig danach ist. Das ist deine ganz eigene Aufgabe. Genauso wenig ist es deine Aufgabe, die unerfüllten kindlichen Bedürfnisse deiner Frau in Bezug auf ihren Vater zu befriedigen.

Wenn du deine Mutter der Kindheit oft als schwach und leidend wahrgenommen hast, wenn sie zum Beispiel häufig krank war oder unter deinem Vater gelitten hat, ist die Wahrscheinlichkeit hoch, dass du dich beizeiten an ihre Seite und oft gegen den Vater gestellt hast, wie das bei mir selbst der Fall war. Aus deinem Mitleid heraus wolltest du ihr dann helfen, sie vielleicht sogar retten. Wenn dies der Fall war, bist du vermutlich zum diplomierten Frauenretter oder Frauenkümmerer geworden. Aus einer solchen Mutterbeziehung heraus ziehst du dann unbewusst immer wieder Frauen an, denen du helfen oder die du retten willst. Und wenn deine Mutter zu Hause die »Hosen anhatte« und dich mit ihrer Dominanz sehr beherrscht hat, dann suchst du dir unbewusst oft sehr männlich-dominante Frauen aus und passt dich gern ihren Wünschen und Forderungen an. Aber glücklich wirst du damit auf Dauer nicht.

Den wenigsten Müttern kommt es in den Sinn, ihren Sohn beizeiten in die Selbstständigkeit und Freiheit zu entlassen, ihn wirklich loszulassen und ihre Aufmerksamkeit und ihr Selbstverständnis vom Muttersein wieder auf sich als Frau und Partnerin ihres Mannes zu richten. Unbewusst betrachten sie ihren Sohn als ihren Besitz. Und je unglücklicher sie in ihrer Partnerschaft sind oder wenn ihr Mann sie schon lange verlassen hat, desto mehr tendieren sie dazu, ihren Jungen für ihre emotionalen Bedürfnisse zu missbrauchen. Unzählig sind die Geschichten, in denen Mütter ihre erwachsenen Söhne nicht von ihrer Nabelschnur entbinden. Da wird gelockt mit dem Zimmer, das immer für ihn da sei, mit dem guten Essen am Sonntag und dem Wäscheservice, aber auch ein bisschen erpresst mit Vorwürfen, die im Sohn Schuldgefühle auslösen: »Du kannst uns ruhig öfter besuchen, nach allem, was wir für dich getan haben.« Und nicht selten lockt sie mit dem Grundstück neben dem Elternhaus, das doch ideal und preiswert sei, um darauf das neue Haus zu bauen. Deshalb ist die Beziehung der Frau zu ihrer Schwiegermutter oft ein leidvolles Spannungsfeld, weil die Mutter sich nicht vom Sohn und er sich nicht von ihr gelöst hat. Die

Schwiegermutter denkt: »Ich kann nicht verhindern, dass du meinen Jungen heiratest, aber im Inneren bleibt er meiner.«

Das ist keine Kritik an unseren Müttern, sie tun das meist unbewusst. Wir können nicht erwarten, dass unsere Mütter uns freiwillig in die Freiheit entlassen. Das würden viele von ihnen nicht einmal auf dem Sterbebett tun. Den Schritt in die Freiheit von der Mutter muss und kann jeder Mann selbst tun, indem er sich liebevoll mit diesem so entscheidenden Teil seines Innenlebens beschäftigt. Nachdem du dich einmal für zwei Monate mit deiner Beziehung und der inneren Verstrickung zur Mutter deiner Kindheit beschäftigt hast – und das lege ich dir sehr ans Herz –, wirst du durch die Veränderung in deinem Inneren eine andere Ausstrahlung erhalten und dich wundern, wie anders und neu deine Partnerin und andere dir nahestehende Menschen auf dich reagieren werden. Viele Teilnehmer unserer Männerseminare oder meiner »Transformationswoche« bestätigen mir dies immer wieder. Dies könnte auch für dich einen der wichtigsten Schritte auf dem Weg in ein glückliches Mann-Sein bedeuten.

Aufgrund meiner körperlich sehr angeschlagenen Mutter, die mich noch im Alter von zweiundvierzig Jahren als fünftes Kind bekam, hatte ich sehr früh den Impuls, ihr helfen zu müssen. Unser Küchenschrank stand stets voller Dosen mit Medikamenten, die ich heute noch rieche, und oft war nicht zu übersehen, dass sie unter Schmerzen litt. Das war die Grundlage für meine Karriere als Frauenretter, die schon im Kindergarten begann. Als die Mutter meiner kleinen Freundin Ulrike starb, meinte Klein-Robert nur: »Pass auf, wenn ich groß bin, heirate ich dich, und dann ist alles gut.« Und genauso habe ich es dann dreißig Jahre später mit meiner ersten Frau gemacht. In einer ihrer Krisen glaubte ich, ihr durch eine Heirat den Rücken frei zu halten, damit sie sich um ihre Themen kümmern konnte. Männer wollen immer gern Probleme auf »pragmatische« Weise lösen und solange sie ihr Herz verschlossen haben für ihre eigenen Themen, drücken sie ihre Liebe gern durch finanzielle Unterstützung aus. Heute rieche ich aus hundert Metern Entfernung, wenn eine Frau gerettet werden will, und stehe fürs Retten nicht mehr zur Verfügung. Denn Mitleid hat nichts mit Liebe zu tun und nimmt dem anderen die Möglichkeit, in die eigene Kraft und Größe zu gelangen.

17. Liebe hat nichts mit »harter Arbeit« an der Beziehung zu tun

Noch einmal Oriah Mountain Dreamer in *Die Einladung*: »Ich will wissen, ob du deinem Leid auf den Grund gegangen bist, und ob dich die Ungerechtigkeiten des Lebens geöffnet haben, oder ob du dich klein machst und verschließt, um dich vor neuen Verletzungen zu schützen ...« Damit kommen wir zurück auf die Beziehung zu den Frauen. Eine der wichtigsten Fragen, vielleicht die wichtigste, beantworten sich Männer selten bewusst: **Wozu will ich eine Frau an meiner Seite haben? Was ist mein wahres Motiv hierfür?** Hast du schon deine ganz persönliche Antwort darauf gefunden? Viele sagen spontan: »Ich will einfach nicht allein sein.« Dieser Wunsch ist verständlich. Bleibt dies jedoch das Hauptmotiv, um mit einer Frau zusammen zu sein, wird die Beziehung bald zu einer Bedürftigkeitsbeziehung und nicht zu einer Liebesbeziehung. Solange Mann und Frau zusammenbleiben, um nicht allein zu sein, werden sie sich innerlich immer wieder allein fühlen und ständig mit der Angst leben, wieder alleingelassen zu werden.

Wenn du sagst: »Ich habe eine Frau«, dann ist das nicht die Wahrheit. Du bist in einer Beziehung zu einem anderen Menschen, die sich jeden Tag verändert. Und wenn diese Beziehung eine für beide Seiten nährende und bereichernde sein soll, dann darfst du sie als ein Gemeinschaftswerk betrachten, in das jeder täglich etwas von sich, von seinem »Mein«, etwas Eigenes hineingibt und es dadurch nährt. Und das ohne den Blick darauf, wie viel der andere einbringt. Die Beziehung ist also wie ein eigenes Wesen, abstrakt gesagt ein Energiesystem, das *nicht* aus Frau und Mann besteht, sondern aus dem, was jeder von ihnen dort wie in ein Gefäß hineingibt. Dieses Energiesystem befindet sich in permanenter Veränderung. Mit jedem (bewussten oder unbewussten) Gedanken und jedem (ausgedrückten oder nicht ausgedrückten) Gefühl, mit jedem Wort und jeder Handlung von einem der Partner verändert sich die Schwingung in diesem lebendigen Wesen »Beziehung« und damit die Stimmung in beiden Partnern.

Die Tatsache, dass du mit einer Frau zusammenwohnst oder verheiratet bist, sagt allein noch nichts über euer Beziehungswesen aus und nährt es noch lange nicht. Eure Gemeinschaft braucht Nahrung wie dein Körper und diese Nahrung darf täglich fließen. So wie du deinem Körper jeden Tag zu essen und zu trinken gibst, so darfst und kannst du auch eurem Gemeinschaftswesen Ehe oder Partnerschaft täglich etwas Nahrhaftes schenken. Wir können eine Partnerschaft auch wie eine »Körperschaft« oder einen Beziehungskörper betrachten, der von beiden genährt werden will. Die meisten Ehen scheitern aus meiner Sicht daran, dass die Aufmerksamkeit nur auf den Partner gerichtet ist, auf das, was er oder sie tut, gibt, sagt oder was er oder sie nicht tut. Die Aufmerksamkeit ruht nicht auf uns selbst und auf dem, was wir selbst tun, geben und ausstrahlen.

Das Kind in uns, das nicht von uns selbst genährt und geliebt wird, fragt vor allem: »Was bekomme ich heute von dir? Was hast du mir zu geben?« Solange die Kinder in beiden Partnern regieren, überhäufen sie den jeweils anderen mit Wünschen, Bedürfnissen und Forderungen und setzen ihn druckvoll in ein ständiges Schuldverhältnis. Wir als Erwachsene dürfen hingegen fragen: »Was habe ich zu geben, was will ich schenken, wie will ich lieben?« Wenn es beim Scheitern von Ehen so oft heißt »Wir haben uns auseinandergelebt«, dann heißt das übersetzt: »Wir haben über längere Zeit vergessen, unsere Liebe zueinander zu pflegen, zu nähren und zu feiern.« Ohne ausreichende und regelmäßige Qualitätsnahrung verhungert dieses Wesen »Beziehung« bald. **Am Anfang einer Beziehung verlieben wir uns meist nicht in den anderen, sondern in das Bild, das wir uns von ihm gemacht haben. Zeigt sich dann immer deutlicher, dass der andere nicht diesem Bild entspricht, sondern ein Mensch ist wie wir selbst, mit Schwächen, Verletzungen, Empfindlichkeiten und unverheilten Wunden, dann zeigt sich** nach dieser Desillusionierung, ob wir bereit und in der Lage sind anzufangen, wahrhaft zu lieben.

Die grundlegende Entscheidung, an die ihr euch jeden Morgen wieder erinnern könnt, darf also lauten: »Ich will unsere Beziehung heute wieder mit meiner Liebe nähren.« Und diese Liebe hat viele Facetten, ist aber alles andere als kompliziert und hat schon gar nichts mit »harter Arbeit« zu tun. Eure Beziehung begann mit einem Schauen auf den anderen, der ersten Begegnung in einem Augen-Blick. Wie oft am Tag schaust du heute deine Frau an, schaust ihr in die Augen und schenkst euch ein paar Sekunden Zeit in dieser Begegnung? Mit deinem täglichen liebenden Blick schenkst du ihr und eurer Beziehung Liebe. Wenn eine Umarmung hinzukommt, umso schöner. Wenn sich zwei Menschen anschauen, fließt immer Energie zwischen ihnen. Wenn sie es mit einem offenen, liebenden Herzen, mit Neugier auf sich selbst und auf den anderen und mit Verständnis für den anderen tun, dann fließt Liebe.

Wenn ihr am Morgen oder wann immer auseinandergeht, um den Weg durch euren Tag zu beginnen, nimmst du dann bewusst Abschied von ihr, mit einem Kuss und einem lieben Wort? Frühstückt ihr gemeinsam und beginnt den neuen Tag mit diesem schönen Ritual? Ein genussvolles gemeinsames Frühstück – ohne Smartphone – ist die Ritualfeier eines neuen Tages in der Gemeinschaft mit deiner Liebsten und eventuell deinem Kind oder deinen Kindern. **Zeit und** bewusste Aufmerksamkeit für den anderen sind das größte und einfachste Liebesgeschenk, das die Gemeinsamkeit nährt. Es ist der Same, der immer neue Blüten in eurer Gemeinschaft hervorbringt. Es ist nicht die Frage, wie viel Zeit du dir nimmst (von der wir angeblich nicht genug haben), es geht um die Qualität, in der ihr miteinander seid oder nur nebeneinander. Wenn du mit deiner Partnerin sprichst, schenkst du ihr dann deine ungeteilte Aufmerksamkeit, oder bist du halb abwesend und denkst daran, was du heute noch alles tun willst? Unterbrichst du euer Gespräch, wenn dein Handy klingelt? Dann sagst du damit: »Der Anrufer hier ist mir wichtiger als du.«

Wenn du am Abend nach Hause kommst und sie schon da ist, freust du dich, sie wiederzusehen, und zeigst ihr deine Freude? Es ist mit all dem nicht gemeint, rund um die Uhr für deine Partnerin da zu sein, immer ein offenes Ohr für sie zu haben und dich ganz auf sie zu konzentrieren. Die Konzentration auf dich selbst, die »Selbstzentriertheit« darf deine Grundhaltung werden, mit der du dich selbst mit Liebe und Aufmerksamkeit begleitest und im Kontakt mit deiner Innenwelt bleibst. Erst dann, wenn wir bei uns und in uns selbst wirklich zu Hause sind, können wir auch für unsere Partnerin präsent, aufmerksam, einfühlend und liebend da sein.

Die gezeigte und ausgedrückte Dankbarkeit ist eine weitere Liebesnahrung für eure Gemeinschaft. Bist du deiner Partnerin fühlbar (oder nur mental) dankbar, dass sie mit dir einen gemeinsamen Weg geht, »durch dick und dünn«, durch leichte und herausfordernde Zeiten? Und wie oft zeigst du ihr deine Dankbarkeit? Dein wirkliches Interesse an ihr und ihrem Innenleben ist ihr wichtiger als dein Geld oder deine berufliche Position. Dieses Interesse zeigt sich eher in vielen kleinen Dingen und Aufmerksamkeiten im Alltag als an der teuren Kreuzfahrt oder dem Urlaub auf den Malediven, den du ihr vielleicht schenkst. Was nichts kostet, ist oft das Wertvollste und zutiefst Nährende für die Liebe.

Sobald wir anfangen, die Anwesenheit unserer Partnerin als selbstverständlich zu nehmen und uns an sie zu gewöhnen, laufen wir Gefahr, dass die Beziehung gewöhnlich wird und sie in Routine bis Langeweile erstarrt. Dann bekommt das Energiesystem der Beziehung keine Nahrung mehr und beginnt zu verhungern. Nehmt euch darum ganz bewusst Zeiten füreinander, zum Beispiel zwei Abende in der Woche, an denen ihr beide euch entscheidet, das miteinander zu machen, worauf ihr beide gleichermaßen Lust habt. Ob ihr früh ins Schlafzimmer verschwindet, einen schönen Film im Kino anschaut, einen Spaziergang durch die Stadt oder die Natur macht, euch ein schönes Essen gönnt oder gemeinsam genussvoll im gemütlichen Nest abhängt – wichtig ist, dass ihr beide daran Spaß habt und es nur für euch und mit euch genießt. Es geht darum, dass eure Freude an euch beiden und an dem, was ihr gerade tut, im Mittelpunkt steht.

Eine Beziehung zwischen zwei Menschen darf und kann zu einer bewusst gestalteten Lebens- und Liebesfeier werden. Einer der größten Liebeskiller ist der Fernseher, an den oft täglich die Macht abgegeben wird, wenn er routinemäßig eingeschaltet und zwanghaft gebraucht wird, um die unangenehme Stille, die mangelnde Kommunikation miteinander oder schwelende Konflikte zu übertönen. Anstatt täglich fernzusehen, empfehle ich das »nahe Sehen«, das Hinschauen und Hinfühlen zu dem, was dich gerade im Inneren beschäftigt und dich nicht ganz da sein lässt, das, wovon du dich ablenken willst. Bei drei bis vier Stunden durchschnittlicher täglicher Fernsehzeit in Deutschland ist die Glotze ein Sucht- und Fluchtfaktor ersten Grades, mit dem wir verhindern, auf uns und nach innen zu schauen und als Partner einander anzuschauen. Wer täglich fernsieht oder ständig im Internet surft und gleichzeitig meint, er habe zu wenig Zeit für dies oder jenes, betrügt sich selbst.

Es muss in einer Beziehung auch nicht dauernd miteinander geredet werden. Im Gegenteil: Oft werden die Dinge dabei zerredet und die Gespräche ähneln manchmal einem Schlagabtausch, wo einer oder beide Spieler den Ball jedes Mal bewusst so weit wegschlägt, dass der andere ihn nicht auffangen kann. Oder es ähnelt einem Kampf ums Rechthaben oder einem

Disput zwischen einem Ankläger und einem Verteidiger. Ohne dein Herz für die Gefühle und besonders die Ängste des kleinen Jungen in dir geöffnet zu haben, kannst du dein Herz auch nicht öffnen für die Gefühle und das Anliegen der Frau dir gegenüber und für das kleine Mädchen in ihr, das ihr Verhalten oft bestimmt.

Nährend und förderlich für die Liebe ist es, wenn sich beide bewusst an einem Abend im Monat (wer will, auch öfter) nur eine Stunde Zeit nehmen, um einander zuzuhören. Bist du bereit, deine Partnerin einzuladen, dir völlig ehrlich eine halbe Stunde lang zu erzählen, wie es ihr mit dir in letzter Zeit ergangen ist? Wo sie vielleicht enttäuscht, verletzt oder verunsichert war und worüber sie sich gefreut hat? Worüber sie sich Gedanken oder Sorgen macht, was dich und euch beide betrifft? Was ihr in eurer Beziehung besonders wichtig ist und was sie eventuell vermisst? Und bist du bereit, ihr eine halbe Stunde lang nur zuzuhören, ohne sie mit einem »Aber ...« zu unterbrechen, ganz gleich, ob deine Sicht und Wahrnehmung von dem, worüber sie spricht, eine völlig andere ist?

Ein solcher Abend ist eines der größten Geschenke, das ihr euch machen könnt, wenn ihr die Liebe zwischen euch nähren wollt. Zu Anfang wird es einem oder beiden nicht leichtfallen, wirklich den Mund zu halten und seinem geliebten Gegenüber nur zuzuhören.

Anstatt Einwände oder Kritik zu äußern, sag einfach nur »Danke, dass du mir deine Wahrheit gesagt hast.« Und nachdem deine Partnerin gesprochen hat, wechselt ihr die Rollen, und du darfst sagen, was dir auf dem Herzen liegt. Das fällt uns Männern meist schwerer als den Frauen, weil wir viele unserer Gefühle hinuntergeschluckt und aus Angst einen Schutzpanzer um unser Herz gelegt haben. Es braucht oft Geduld, bis wir unsere Gefühle in die richtigen Worte fassen können.

Bei solchen Gesprächen kannst du üben, deinen Schutzpanzer Schicht und Schicht abzulegen und dich so zu zeigen, wie es in dir wirklich aussieht. Du kannst üben, dich verletzlich zeigen. Das tun wir dann, wenn wir nicht mehr schon vorab kalkulieren und einschätzen, wie die Partnerin wohl reagieren wird. Wenn du nicht weißt, wie sie reagiert, wenn du zum Beispiel von deinen Ängsten oder Schwächen, deinen Sehnsüchten oder (bisher) geheimen Wünschen sprichst, dann zeigst du dich verletzlich. Und erst hier, weitab von der sexuellen Berührung und Erregung, entsteht durch das Wagnis der Verletzlichkeit das, was wir Intimität nennen.

Wenn du das Herz deiner Partnerin berühren willst, dann darfst du zunächst lernen, dein Herz zu öffnen und das mit deiner Liebe zu berühren, was du bisher an und in dir nicht geliebt, sondern ängstlich, schamhaft oder schuldbewusst versteckt hast. Wenn du Verständnis und Mitgefühl für deine Partnerin empfinden und ausdrücken willst, dann darfst du zunächst anfangen, beides dir selbst zu schenken. Auch wenn deine Partnerin dich liebt, du selbst aber von der Liebe zu dir noch weit entfernt bist, wirst du ihre Liebe kaum annehmen und wertschätzen können. Ihre Liebe wird am Panzer um dein Herz abprallen, und sie wird die Hoffnung irgendwann aufgeben, dich und dein ungeschütztes Herz erreichen zu können.

Liebe schenkt

Wahre Liebe will befrein –
wenn zwei Herzen, die sich finden,
alle Stricke, die sie binden,
lösen, wird aus Haben Sein,

und aus bangem Stillestehn,
aus dem alten Herzenstehlen
wird ein Tanz der freien Seelen,
wird ein In-die-Tiefe-Gehn.

Denn ein Herz, das sich vergisst,
mag wohl Liebesschwüre singen,
doch die Liebe will nicht zwingen –
Liebe schenkt und Liebe ist.

ANDREA GEGNER

18. Männer schämen sich für ihre Geilheit

Die Sexualität gehört zu den schönsten und aufregendsten Dingen unseres Männerlebens, aber sehr viele von uns erleben sie nur selten in dieser Weise. Die meisten Männer (wie auch Frauen) beklagen, dass sie weder genug noch wirklich erfüllenden Sex genießen. Wir Männer haben die Sexualität mit uns selbst und mit den Frauen kompliziert gemacht.

Sex gehört zu den größten Geschenken unserer menschlichen Natur. Unsere Körper wünschen sich Berührung, Zärtlichkeit, Erregung, Orgasmen und das Fließen unserer Körpersäfte. Die meisten von uns wünschen sich häufigen, erregenden, feurigen wie sanften Sex mit Frauen, die uns anmachen und die sich anmachen lassen, die sich fallen lassen und sich ihrer eigenen Lust hingeben. Wir wünschen uns keine Frauen, die Sex ohne wirkliche Freude über sich ergehen lassen. Wir wünschen uns Frauen, die sich selbst schön und begehrenswert finden und uns dadurch magnetisch anziehen. Denn nur solche Frauen, die sich selbst in ihrem Frau-Sein und in ihrer Schönheit bewundern, werden auch von Männern bewundert.

Offenbar unterscheidet sich der Alltag vieler in ihren Betten drastisch von ihren Wünschen und Fantasien. Wenn das auch bei dir der Fall ist, dann finde heraus, was es genau ist, womit du ein schönes und befriedigendes Ausleben deiner sexuellen Wünsche und Sehnsüchte bisher verhindert hast. Solange du darüber klagst, dass deine Frau oder die Frauen allgemein die Ursache für dein eventuell mageres oder frustrierendes Sexleben sind, pflegst du das Bewusstsein eines Opfers. Als Männer dürfen wir zunächst auf uns selbst schauen und uns ehrlich fragen, was wir zu Frust und Leid rund um den Sex beitragen.

Bevor wir genauer über den Sex mit einer Frau sprechen, betrachten wir zuerst den Sex mit uns selbst. Hast du schönen Sex mit dir? Nimmst du dir Zeit und Muße, um dir mit deinen Händen Berührung, Zärtlichkeit, Liebe und Lust zu schenken? Oder holst du dir klammheimlich und lieblos nur einen runter? Ist deine Selbstbefriedigung eine Sache zwischen Tür und Angel, oder genießt du diese Zeit mit dir? Liebst du dich dabei auch mit deinem Herzen?

Fast alle Männer befriedigen sich einmal oder mehrmals pro Woche selbst, manche täglich. Aber es ist für die meisten kein zärtlicher Liebesakt mit sich, sondern ähnelt oft eher einer Art sexueller Notdurft, bei der man seine Spannung abbaut und nach wenigen Minuten seinen Orgasmus hat. Noch prekärer ist es oft für Männer, die mit einer Frau zusammenwohnen, denn sie schämen sich nicht selten ihrer »Wichserei« und geben angespannt Acht, dass ihre Frau sie dabei nicht erwischt. Zu viele Frauen finden es noch immer unnatürlich bis eklig, wenn ein Mann sich selbst befriedigt, und ziehen als Reaktion darauf ihre eigene Attraktivität noch mehr in Zweifel.

Schon die Mama hat Sohnemann oft gezeigt, dass sie es für eine Schweinerei hält, wenn er sich selbst mit der Hand verwöhnt. Ihre oft heftigen, Scham erzeugenden Reaktionen auf die ersten Flecken im Laken sitzen besonders dem Mann über vierzig oder fünfzig oft noch in den Knochen. Und der kleine Junge hatte keine andere Chance, als daraus zu schließen, dass dieser Drang nach Lustbefriedigung über seinen Penis etwas Unanständiges, Schmutziges und zu Verurteilendes ist. Schon der Junge lernt auf diesem Weg, sich seiner Geilheit zu schämen. Diese Scham sitzt den meisten Männern tief in den Knochen und ist eine der größten Hindernisse für eine schöne, verspielte und lustvolle Sexualität zwischen Männern und Frauen.

Scham erzeugen wir durch Gedanken, die nicht wahr sind, durch Gedanken wie »Was ich da will oder mache, ist schlecht, böse, schmutzig oder ungesund. Es ist nicht in Ordnung. Ich sollte das nicht tun. Wenn ich oft Lust dazu verspüre, dann stimmt mit mir etwas nicht.« Als Reaktion auf das Verhalten unserer Mütter und oft auch der Väter haben wir früh angefangen, solche Gedanken zu denken und zu glauben. Durch unser eigenes Denken und Verurteilen machen wir sie jedoch zu unseren eigenen Schöpfungen, und es bringt uns nicht weiter, unsere Eltern anzuklagen. Wir können auch hierfür unsere Schöpferverantwortung übernehmen und uns heute fragen: »Will ich die Verurteilungen meiner Lust, meiner Geilheit, meiner Selbstbefriedigung und der mich erregenden Fantasien zurücknehmen und neu darüber denken?«

Unsere Erregbarkeit, die aufsteigende Hitze in unserem Körper, der zum Phallus anschwellende und hochsteigende und schließlich explodierende Penis gehören zum Schönsten an und in einem Männerkörper. Es ist ein Geschenk der Natur, ein Geschenk Gottes, das wir lernen dürfen, wieder in unschuldiger Freude zu lieben und zu genießen. Und das erst einmal mit uns allein. Sexualität beginnt zunächst immer bei jedem Einzelnen von uns. Wer sich selbst nicht in kindlich verspielter Form Lust, Freude und Erfüllung schenken kann, der kommt mit seiner Verklemmtheit, seinen Scham- und Schuldgefühlen beim Sex mit einer Frau schnell in Teufels Küche.

Der erigierte Penis, unser Phallus, ist nicht nur ein Zeichen eines gesunden männlichen Organismus, er ist zugleich ein Symbol für unsere spezifisch männliche Kraft, die für weit mehr steht als für unsere Bereitschaft und Fähigkeit zur Sexualität. Unser »Ständer« steht zugleich dafür, dass wir in unserem Leben unseren

Mann stehen wollen, dass wir aufrecht und aufrichtig mit unserer Kraft etwas Sinnvolles aufbauen wollen, was dann auch gut im Leben steht, und dass wir mehr zeugen und erzeugen wollen als Kinder. Er ist das Symbol für die Schaffenslust und Schöpferkraft des Mannes, der seinen Platz in dieser Welt einnimmt, seine Energien sinnvoll und konstruktiv in die Gemeinschaft einbringt und aus seiner Potenz, aus seinem Potenzial, etwas Sinnvolles macht.

Die fehlende Liebe zum eigenen Mann-Sein, zum Körper und auch zu seinem Geschlecht ist (neben der tiefen Verstrickung mit Mutter und Vater) die wichtigste Ursache für das Erschlaffen des Phallus, für die schwindende Potenz. Unzählige Männer fühlen sich heute deshalb als Versager. Viele Millionen Männer in Europa versuchen, dem mit Viagra entgegenzusteuern. Wenn du auch dazugehörst oder mit dem Gedanken daran spielst, kann ich dich verstehen, aber das ist keine wirkliche Lösung des Problems. Die Ursache für deine mangelnde Potenz mag vordergründig in einem niedrigen Testosteronspiegel liegen, aber wo liegt die Ursache hierfür?

Die entscheidende Schaltstelle zu einer anhaltenden Veränderung liegt im Hirn *und* im Herz des Mannes und in seinem Kontakt zu Letzterem. Dein ganzes Denken und Fühlen über dich als Mann, über deinen Körper, über dein bisher gelebtes Leben und den Sinn deines Daseins auf Mutter Erde haben damit zu tun. Und niemand anders als du entscheidet darüber, ob du nur einen steifen Penis haben oder als Mann mit aufrechtem Gang durchs Leben gehen willst, mit Lust und Freude am Mann-Sein, am Arbeiten, Lieben und Leben.

Eine weitere wesentliche Ursache dafür, dass der Penis nicht so kann, wie der Kopf will, ist die innere Verstrickung mit der Mutter der Kindheit, die den Sohn in Besitz genommen und ihn bis heute nicht freigelassen hat. Es war oft eine zu sehr behütende, kontrollierende und manipulierende Mutter, deren Partner zudem häufig schwach oder abwesend war. Söhne solcher Mütter sind weit mehr mit ihr verstrickt als andere, die Mutter sitzt dem erwachsenen Sohn innerlich immer noch auf der Pelle oder hält – im übertragenen Sinn – seinen Penis fest. Manche Männer können sich noch daran erinnern, dass sie Mamas kleiner Prinz oder Ersatzmann waren. Und kleine Prinzen sind mit ihrer Mama im Geiste verheiratet, genauso wie die erwachsene Prinzessin noch mit dem Papa verbandelt ist, wenn diese Verstrickungen nicht bewusst gelöst wurden.

Und auch der während der Kindheit abwesende, schwache und/oder aggressive Vater ist oft ein Faktor für die Potenzschwäche des Sohnes. Er steht später im Geiste nicht hinter seinem erwachsenen Sohn. Dadurch fehlt dem Sohn die männliche Kraft, die ihm vom Vater zufließen kann.

Natürlich ist die Selbstbefriedigung auf Dauer kein gleichwertiger Ersatz für den Sex mit einer Frau, aber sie ist auch nicht weniger wichtig oder wertvoll. Sie darf und sollte einen festen Platz in deinem Leben haben und gefeiert werden, voller Liebe zu dir, voller Dankbarkeit und Würdigung dieser herrlichen Kraft. Mach daraus ein kleines Fest, leg eine schöne Musik auf, nimm ein gutes Öl und erkunde streichelnd nicht nur deinen Penis, sondern den ganzen Körper, besonders deine Brust, deinen Bauch, deinen Po und auch deine Füße.

Wenn du bei deinem Penis angekommen bist, dann nimm dir viel Zeit für ihn und die zwei süßen Eier darunter. Spüre die Energien, die fließen, während du die ganze Region da unten liebevoll mit Öl massierst. Bei vielen Männern hat dieser ganze Bereich zum letzten Mal eine ölige Streicheleinheit bekommen, als sie bei Mama auf dem Wickeltisch lagen. Wenn du sie dir selbst mit deinen Händen in Liebe und Muße gibst, kannst du spüren, wie die Zellen da unten lebendig werden und sagen: »Endlich denkt er mal an uns und schenkt uns, was wir uns wünschen – Beachtung und Liebe.«

Auch die Füße haben eine besondere Bedeutung für den Mann, trotzdem erhalten sie von vielen nur wenig Aufmerksamkeit und werden oft schlecht gepflegt. Nimm dir schon morgens Zeit, deinen Körper liebevoll mit einem Öl oder einer guten Lotion zu massieren – deine Füße ganz besonders, denn sie tragen dich durch den Tag und sind deine Verbindung zu Mutter Erde. Hierauf reagiert nicht nur deine Haut, sondern alle Zellen aller Organe und Körperteile spüren: Der Mann, zu dem wir gehören, liebt uns. Hier bereits fängt die sexuelle Beziehung zu deinem Körper an.

Auch die Art und Bewusstheit, mit der du dich kleidest, zeigt, ob du deinen Männerkörper ehrst und liebst. Du fühlst dich anders in einem Körper, wenn du ihm bewusst etwas Schönes und Passendes kaufst und anziehst, und das beginnt bei deiner Unterwäsche und den Socken. Suche diese Sachen bewusst aus und zieh nur an, was dir wirklich gefällt. Wenn du eine Frau hast, dann lass dir die Sachen nicht von ihr kaufen, denn das lassen eher kleine Jungs mit sich machen. Natürlich kann sie dir mal ein schönes Hemd schenken, aber wer es akzeptiert oder gut findet, dass seine Frau ihn regelmäßig einkleidet, der sagt damit: »Ich will keine Partnerin, ich will eine Mama. Ich brauch dich dafür, dass ich nicht wie ein Schlamper durchs Leben laufe.« Das Schmücken und Ehren deines Körpers mit Kleidung, die du liebst, ist deine Angelegenheit.

19. Zersägt eure Doppelbetten und macht Rollen darunter!

»Lasst Raum zwischen euch. Und steht zusammen, doch nicht zu nah. Denn die Säulen des Tempels stehen für sich. Und die Eiche und die Zypresse wachsen nicht im Schatten der anderen.« So schrieb es Khalil Gibran in *Der Prophet* – und wie oft beachten wir es nicht? **Paare, die sich einmal gefunden haben, begehen unbewusst schon zu Beginn ihrer Beziehung einen Fehler mit Langzeitfolgen. Beide sagen sich innerlich: »Jetzt, wo wir uns gefunden haben, wollen wir eng zusammenbleiben, uns oft nahe sein und möglichst viel miteinander machen. Wir sind nicht mehr zwei unabhängige, freie Menschen, sondern ein Wesen namens ›Paar‹.«** Freiheit und Beziehung passen im Denken vieler Männer und Frauen nicht unter einen Hut. Sie glauben, ab jetzt müssten sie um der Beziehung willen faule Kompromisse machen und sich zugunsten des anderen in ihrer Freiheit einschränken. Und das Ganze wird dann noch mit »Liebe« überschrieben. Aber genau daran erstickt die Liebe oft.

Sie kaufen sich ein Doppelbett und hoffen auf viele lustvolle Jahre darin. Aber aus der anfänglichen Lust entsteht für die meisten mit der Zeit Langeweile und Frust, Enttäuschung oder routinemäßige Gymnastik. Frauen hoffen vergeblich auf romantische Zärtlichkeit, liebevolle Aufmerksamkeit und lustvolle Höhepunkte. Um des lieben Friedens willen öffnen sie ihre Beine, obwohl sie schon wissen, wie es ausgehen wird, und drücken anschließend die Tränen der Enttäuschung in ihr Kissen. Männer schämen sich dafür, dass sie »schon wieder« wollen, betteln, drängen oder fordern, um nach kurzem, würdelosem Gerammel abzuspritzen und erschöpft einzuschlafen, während die Frau traurig oder wütend ihren erotischen Träumen und zerronnenen Hoffnungen nachhängt.

Hier helfen keine Anleitungen für Sexgymnastik oder neue erregende Stellungen, Anmachtricks oder Erotikdessous, denn Sexualität findet im Kern nicht zwischen zwei Körpern statt, sondern zwischen zwei Geist- und Herzwesen. Der Körper folgt immer dem Geist, und am liebsten dem Geist, der mit seinem Herzen in guter Verbindung steht. Das trifft für die Gesundheit zu und genauso für sexuelle Erregungen. Wenn dieser Geist jedoch viele unwahre Gedanken denkt und glaubt, und wenn der Mensch seit Jahrzehnten Gefühle wie Angst, Scham, Schuld, Trauer oder Wut erzeugt, genährt und in sich gebunkert hat, dann hat der Sex bald nichts Lustvolles mehr an sich.

Wenn Frau und Mann sich dann noch physisch und psychisch auf die Pelle rücken, wie viele das in den ersten Jahren tun, dann fehlt ihnen und ihrer Liebe schon nach kurzer Zeit der Sauerstoff zum Atmen und zum Wachsen, dann ersticken Lust und Liebe im gegenseitigen Würgegriff ihrer liebeshungrigen und süchtelnden inneren Kinder. Ich halte daher das Doppelbett, genauer das zwangsweise Schlafen in demselben, ohne die Möglichkeit, auch mal in einem anderen Raum zu schlafen, für einen der größten Liebestöter. Es hat mit der Natur der Mann-Frau-Beziehung nichts zu tun, sondern gehört zu unseren höchst zweifelhaften kulturellen Errungenschaften.

In einem meiner Bücher empfehle ich mit einem Augenzwinkern: »**Zersägt eure Doppelbetten und macht Rollen darunter!« Das soll heißen: Schafft einen gesunden Abstand zwischen euch und bringt dadurch Bewegung in eure Beziehung.** Wer sich sinnlich liebend nahekommen und sich nahe sein will, der muss sich vorher auch mal zurückgezogen haben und sich immer wieder zurückziehen können, ganz besonders zu sich selbst. Rollt die Betten mal auseinander, damit ihr sie auch wieder zusammenschieben könnt. Geht eure eigenen Wege, damit sich eure Wege wieder kreuzen können und ihr euch immer wieder neu begegnet.

Wenn der Mensch nicht jeden Abend entscheiden kann, ob er im eigenen Bett schlafen will oder neben seinem Partner, ohne dass dieser gleich glaubt, etwas sei nicht in Ordnung, dann entzieht er sich selbst eine der wichtigsten Freiheiten, die auf seinen psychischen und physischen Zustand einen großen Einfluss hat. Denn jede Nacht im Energiefeld seines Partners zu schlafen, bedeutet, nicht für sich allein zu sein. Das Doppelbett kann noch so breit sein: Wir sind in der Nacht dem gesamten Energiefeld unseres Partners mit all seinen Schwingungen ausgesetzt, auch wenn er nicht schnarcht oder sich dauernd im Bett wälzt. Wenn wir am Tag so sehr im Tun und Denken waren und unsere Aufmerksamkeit so oft bei anderen Personen und Dingen war, aber nicht bei uns selbst, dann ist es wichtig, dass wir zumindest am Abend und in der Nacht auch mal zurückkehren können zu uns, um wieder zu Besinnung und Klarheit zu kommen.

Wer mit sich allein schläft, der hat weit mehr Gelegenheit, sich selbst liebevoll zu begegnen, den Verstand zu klären, den Tag innerlich rund zu machen und einen erholsamen, gesunden Schlaf zu genießen. Wenn uns bewusst wäre, was im Schlaf in unserem Geist, unserer Seele und in unserem Körper alles abläuft, wie viel Klärung, Heilung, Inspiration wir in dieser Zeit empfangen, dann wäre uns die Bedeutung eines ungestörten Energiefeldes in dieser Zeit bewusst. Es geht mir nicht um ein radikales Entweder-Oder, sondern um die Freiheit zu entscheiden, heute mit sich allein und morgen wieder Seite an Seite mit der Partnerin einzuschlafen.

Eine lebendige Beziehung zwischen Frau und Mann setzt voraus, dass jeder der Partner immer wieder zu sich zurückkehren kann, um Zeit und Ruhe mit sich selbst zu genießen, ohne ein schlechtes Gewissen zu haben, weil der Partner sich mehr oder ständige Nähe wünscht. Partner bleiben nur interessant füreinander, wenn sie wissen, was sie mit sich selbst allein anfangen können. Hierfür schaffen ein eigenes Zimmer für die Frau und eins für den Mann gute Bedingungen.

Die alte Wohnungsaufteilung in Küche, Wohnzimmer, Schlafzimmer werden wir bald schmunzelnd als ein Relikt der alten Zeit betrachten. Sie entspricht heute nicht mehr dem Bewusstsein und den Bedürfnissen von bewusst lebenden Menschen. Darum empfehle ich jedem Paar – wenn es finanziell möglich ist –, jedem Partner einen eigenen Raum zuzugestehen, den er ganz nach seinem persönlichen – hier männlichen, dort weiblichen – Geschmack als Rückzugsort gestaltet und worin der andere nichts zu suchen hat, außer er wird dorthin eingeladen. Jede Frau und jeder Mann hat zeitweise das Bedürfnis, sich zurückzuziehen, gleichgültig, ob es ihm gerade nicht gut geht oder ob etwas in ihm arbeitet, was er erst einmal »ausbrüten« muss, oder einfach dafür, in Ruhe mit sich selbst zu sein.

Paare, die gemeinsam zu meinen Tagesseminaren über Liebe und Partnerschaft kamen, waren froh darüber, dass sie sich hier gemeinsam das Bedürfnis nach einem eigenen Raum zugestehen konnten. Sie sagten: Wäre nur einer von ihnen mit diesem Wunsch nach Hause gekommen, hätte der andere leicht vermuten können, es hätte etwas mit ihm zu tun und er hätte etwas falsch gemacht. Nein, dieser Wunsch ist nicht gegen den anderen gerichtet, sondern ist ein Wunsch, der eine noch lebendigere und schönere Beziehung fördert.

Für die Qualität der Beziehung und besonders der gelebten Sexualität ist der immer wieder herstellbare räumliche Abstand zwischen Frau und Mann ebenso segensreich wie für die intime Begegnung mit sich selbst und seinem Körper. Nicht nur die Frau hat »ihre Tage«, an denen sie oft keine Lust zum Verkehr hat und innerlich und äußerlich mehr bei sich selbst sein darf. Auch der Mann hat Tage, an denen es ihm gut-tut, ganz bei sich zu bleiben, wenn ein Thema oder seine Arbeit ihn gerade intensiv beschäftigen. Nach solchen Tagen des Mit-sich-Seins und -Schlafens ent-stehen ganz natürlich wieder Lust und Neugier auf den anderen, wie sie Langzeitpaare oft so schmerzlich vermissen.

Wer also nicht in der Lage ist, mit sich allein Zeit und Raum zu genießen, der wird für den anderen auf Dauer auch ungenießbar. Denn der innere Unfrieden mit sich, die eigenen Ängste, Aggressionen, Schuld- und Scham-gefühle und manches mehr fließen in den gemeinsa-men Energiekörper der Beziehung hinein. Unbewusst sagen wir so dem anderen: »Hier hast du mich mit meinem ganzen ungeordneten inneren Kram. Schau, was du damit machst.« Und wenn der andere damit völlig überfordert ist, sagt das Kind in uns daraufhin schnell: »Ich hab's doch gewusst, er/sie liebt mich nicht wirklich!«

20. Sexualität als Tanz von Lust und Liebe

Wenn Mann und Frau sich aufeinander einlassen, dann kann das auf sehr unterschiedlichen Ebenen von Bewusstheit und in sehr verschiedenen Intensitätsgraden geschehen. Der Schwerpunkt dieser Begegnung kann auf der körperlichen Ebene liegen, auf der mentalen Ebene des denkenden Verstandes, auf der emotionalen Ebene der Gefühle oder auf der spirituellen Ebene der Herzen. **Wer dem anderen wirklich begegnen will, darf bereit sein, sich hierbei selbst zu begegnen.** In einer tiefen, erfüllenden sexuellen Erfahrung begegnet und erfährt letztlich jeder Mensch erst einmal sich selbst. Und diese Erfahrung kann immer wieder neu sein, wenn beide im Moment auf achtsame Weise präsent sind.

Wenn du über die Erregung deines Körpers zu einer sexuellen Begegnung mit einer Frau strebst, dann liegt es an dir, dieser Begegnung einen kleinen oder großen Rahmen zu geben. Es ist deine bewusste oder unbewusste Wahl. Du kannst einfach ein »Nümmerchen schieben«, oder du kannst eine Erfahrung machen, die dir durch Mark und Herz geht und nach der du nicht mehr derselbe Mann bist wie vorher. Du kannst den Sex benutzen für ein kurzes Druck-ablassen und Entladen oder ihn als eine tief greifende Begegnung mit dir und einer anderen Seele erleben, bei der dein Kopf keine Ahnung hat, was geschieht. Du spürst nur: Es geschieht etwas für den Verstand Unfassbares. Ich nenne es den Tanz zweier Seelen im Körper. Die Choreografie für diesen Tanz schreiben dein Herz und das Herz deiner Partnerin, nicht die Köpfe.

Darum entscheide dich, ob du mit deinem Herzen oder nur mit deinem Körper Sex haben willst. Wenn du das Erste willst, dann nimm dir viel Zeit dafür, damit du ganz in deinem Herzen ankommen kannst und nicht im Kopf stecken bleibst. Riskiere mehr als die Nähe zum Körper der Frau, wage wirkliche Nähe und Intimität. Beginne mit dem liebevollen Anschauen ohne jedes Ziel. Halte Blickkontakt und entspanne dich. Es gibt jetzt nichts zu tun. Im Anschauen darfst du einfach da sein und spüren, was in dir geschieht. Vergiss deine innere Checkliste und den Kontrolleur und Kritiker in dir, der sagt, du müsstest aufpassen, um es »richtig« zu machen.

Jeder sexuellen Begegnung tut es gut, wenn wir in uns selbst wahrnehmen, was jetzt da ist, und uns dar-auf einlassen – vor allem auf die Empfindungen und Regungen des Körpers und unsere Gefühle. Erfül-lende Sexualität beginnt mit dem Zulassen und dem

Einlassen auf das, was aus uns heraus geschehen will. Wer versucht, das zu kontrollieren, wird nicht sehr weit kommen. Horche also entspannt auf dein Herz und mach nur das, was sich für dich schön und stimmig anfühlt. Fang nicht »strategisch« an, den Körper deiner Partnerin zu stimulieren, sondern überlasse dich zärtlich, genießend und hingebungsvoll den Impulsen, die auftauchen. Mach ein Spiel mit offenem Ausgang daraus.

Lass dir und ihr im Anschauen Zeit, ganz ins Fühlen zu kommen. Lasst euch Zeit, um herauszufinden, ob der eine annimmt, was der andere zu geben hat. Idealerweise wird es zu einem Spiel des Schenkens und Empfangens, bei dem sich die Rollen abwechseln und sich der Beschenkte jeweils genussvoll hingeben kann. Wenn die Frau sich beschenken und fallen lassen kann, baut sich in ihr eine Energie auf, und sie wird zur Energiehalterin für das Liebesspiel. Sie ist dann wie eine stetig brennende Kerze, die der Mann bewundernd wahrnimmt und an der sich seine feurige Energie entzündet.

Die Frau, die bei sich bleiben kann und das in ihr steigende Feuer spürt, signalisiert dir, wenn sie dich innen spüren will. Dring nicht vorher in sie ein. Der Saft der Frau muss schon in ihr fließen, bevor du mit Leichtigkeit in sie gleiten kannst. Darum lieben es die meisten Frauen, wenn du ihren Körper mit den Fingern, der Zunge und deiner ganzen Haut streichelnd oder küssend liebst. Worauf sie besonders anspringt, darfst du forschend erkunden. Wichtig ist, dass du das, was du machst, nicht machst, um etwas zu erreichen, sondern nur, weil es dir größte Freude macht und es mit spielerischer Leichtigkeit einfach aus dir heraus geschieht. Auch der zärtlich liebkosende Mann befindet sich hierbei im weiblichen Prinzip und lässt sich von seiner inneren Erregung tragen und führen. Er ist in einem Zustand des Seins und nicht im Modus des Machens und Tuns. Er weiß vom Kopf her nicht, was als Nächstes geschieht, weil etwas anderes in ihm Regie führt. Wenn wir uns Zeit lassen, ist unsere Erregung im ganzen Körper zu spüren und nicht nur im Genitalbereich. Mit der Zeit wird der ganze Körper zu einem Sexualorgan.

Offenheit, Neugier und Spontaneität im Bett stehen natürlich im Zusammenhang mit dem Zustand der Beziehung außerhalb des Bettes. Über Sexualität und über die eigenen Wünsche und Ängste zu sprechen, fällt den meisten Menschen auch heute – trotz vieler Bücher über Sexualität – noch immer schwer. Dafür sitzen Ängste, Schuld-, Scham- und Minderwertigkeitsgefühle zu tief. Solche Altlasten kann man nicht einfach aus dem Bett fegen oder mit Alkohol beiseiteschieben. Ich rate jedem, der sich ein erfüllteres sexuelles Erleben wünscht, als er es bisher erlebt hat, herauszufinden, was das mit ihm selbst oder mit der Partnerin zu tun hat. Liebevoll geschriebene Bücher über Sex können die eigene Sexualität sehr bereichern. Einfühlsam liebevolle und sinnliche Tantra-Seminare noch mehr.

Wenn dich aber Ängste oder andere Emotionen davon abhalten, dich im Bett fallen zu lassen oder deiner Partnerin gegenüber deine Wünsche und geheimen Gelüste mitzuteilen, empfehle ich dir, diese seit der Kindheit durch Erziehung oder schmerzhafte Erfahrungen des Missbrauchs entstandenen Hindernisse mithilfe therapeutischer Sitzungen zu verwandeln. Oft reicht schon die Erkenntnis, dass das, wonach du dich im Bett sehnst, nicht »pervers« ist, und viele Männer und auch Frauen es mögen, selbst wenn andere es »unmöglich« oder »schmutzig« finden.

Gerade das, was früher als »unanständig« galt, macht Männer wie Frauen oft mächtig an, weil es so lange unterdrückt und nie gelebt wurde. Wenn du mit deiner Partnerin schon ein offenes Gesprächsklima genießt, dann kann auch jeder einmal auf kleinen Zetteln je einen geheimen Wunsch aufschreiben und beide mischen die Zettel dann in einem Topf. Und beim nächsten intimen Zusammensein zieht einer blind einen dieser Wünsche und schaut, ob er das einmal ausprobieren und seinem Partner liebevoll dieses Geschenk machen möchte und kann. Aber es darf genauso akzeptiert werden, wenn der andere das im Moment nicht kann oder will. Wir dürfen und können lernen, ein Gesprächsklima in unserer Partnerschaft zu erschaffen, in dem wir ohne Tabu über alle Aspekte der Sexualität sprechen können.

Nicht wenige Männer stehen in ihrem Leben und Arbeiten so sehr unter Druck, dass sie möglichst viel Sex von ihrer Frau haben wollen und glauben, das täte ihnen gut oder sie hätten gar ein Recht darauf. Solche Männer sind weit von ihrem Inneren und der Liebe zu sich und zur Frau entfernt und benutzen den Sex als reine Ablenkung von ihren wichtigsten Themen. Es gibt auch in der Ehe kein natürliches »Recht auf Sex«, schon gar nicht auf täglichen Sex, wie ihn manche Männer fordern. Weder ist die Frau eine »Dienstleisterin« für deinen »Sexbedarf«, noch bist du es umgekehrt. Auch das extreme Begehren nach sexueller Befriedigung ist eine Sucht, bei der jemand auf der Suche nach etwas ist, das er im Sex nicht wird finden können. Solange wir in der Sexualität etwas zu finden versuchen, das wir in der Partnerschaft sonst nicht erfahren und leben, gilt der schöne Spruch eines Freundes: »Sie schlafen zwar miteinander, aber in Wirklichkeit vögeln sie aneinander vorbei.«

21. Darf deine Partnerin noch andere Männer lieben?

Kommen wir zu einem der für viele Männer und Frauen größten Herausforderungen, der sexuellen Begegnung mit einem anderen Menschen außerhalb der Beziehung. Wenn »es passiert«, ist es für viele schlichtweg »die Katastrophe« und so manche Partnerschaft zerbricht immer noch daran, wenn einer von beiden mit einem Dritten Sex hatte. Früher waren es mehr wir Männer, denen der »Seitensprung« vorgeworfen wurde. Inzwischen scheinen die Frauen hierin gleichgezogen zu haben, auch wenn alle Aussagen in Umfragen vorsichtig zu bewerten sind. Aber nicht die Liebe zu einem anderen Menschen oder der Sex mit ihm selbst ist die »Katastrophe«, eher ist die Art, wie wir darauf reagieren, katastrophal unreif und folgenreich. Denn das Ereignis selbst wirkt nur als ein Auslöser: Es deckt bei beiden Partnern Gefühle auf, die bisher unter der Decke gehalten wurden, allen voran Angst.

Viele Menschen wünschen sich in vielerlei Hinsicht Sicherheit, ob es ein sicherer Arbeitsplatz ist, die sichere Rente oder der »sichere« Partner. Je größer das

Bedürfnis nach Sicherheit und Stabilität ist und damit meist auch das Bedürfnis zu kontrollieren, desto größer ist die Angst dahinter, dass sich die Sicherheiten als Scheinsicherheiten entpuppen könnten. Und je größer die Angst ist, dass der Partner auch einen anderen lieben und mit ihm sogar ins Bett gehen könnte, desto eher muss das Befürchtete eintreten. Denn Angst wirkt wie ein Magnet. Mit unseren angstvollen Gedanken – werden sie über längere Zeit immer wieder genährt und nicht korrigiert – ziehen wir genau das an, wovor wir Angst haben. Wir erschaffen umso eher und sicherer genau das, wovor wir die größte Panik haben, es könne geschehen. Dies werden manche zwar empört zurückweisen. Aber je größer die Ablehnung solch eines Gedankens ist, desto lauter rufen die dahinterliegenden Gefühle danach, endlich wahrgenommen, angenommen und gefühlt zu werden. Es sind auch hier fast immer die Gefühle des kleinen Jungen im Mann oder des Mädchens in der Frau.

Das Kind, das wir waren, sehnte sich nach einem Mindestmaß an Sicherheit, Geborgenheit, Aufmerksamkeit und Liebe durch mindestens einen Menschen, Mama, Papa oder einen anderen. Da dieser Mensch und das Kind in ihm sich selten innerlich geliebt und geborgen fühlten und er eher mit wenig Vertrauen durchs Leben ging, konnte er auch dem leiblichen Kind selten ein durchgängiges Geborgenheitsgefühl und schon gar nicht bedingungslose Annahme und Liebe schenken. So hat jeder von uns in den ersten

Jahren mehr oder weniger tiefe Verlassenheitserfahrungen gemacht. Ob dadurch, dass sich ein Elternteil trennte, ob ein Geschwister vorgezogen und mehr geliebt wurde als man selbst oder dadurch, dass man bei schlechten schulischen Leistungen oder durch ein bestimmtes Verhalten die Anerkennung und Zuwendung der Eltern verlor: Es gab unzählige kleinere und größere Momente, in denen wir uns nicht so geliebt und angenommen fühlten, wie sich ein Kind das wünscht.

Darum laufen heute die meisten Erwachsenen mit einer Verlassenheitswunde durchs Leben, die darauf wartet, geheilt zu werden. Bei dem einen ist sie kleiner, beim anderen größer und dementsprechend auch die Angst, wieder einmal das schmerzhafte Gefühl zu haben, allein oder im Stich gelassen zu werden. Die Zeit heilt keine Wunden, auch wenn es das Sprichwort sagt. Sie hilft nur, das Schmerzhafte zu verdrängen, und das kann auch über Jahre und Jahrzehnte gelingen. Aber irgendwann sagt das Leben beziehungsweise unsere Seele zu uns: »Du, da gibt es etwas, das du jetzt langsam heilen lassen darfst.« Und so berührt die Entdeckung, dass die eigene Partnerin einen Liebhaber hat oder hatte, diese Wunde schmerzhaft, damit wir uns ihr und den dadurch ausgelösten Gefühlen bewusst zuwenden.

Hast du diesen Schmerz schon mal erlebt, ausgelöst durch die Liebe deiner Partnerin zu einem anderen

Mann? Wenn ja, wie bist du damals mit deinen Gefühlen umgegangen und wie hast du dich deiner Partnerin oder Frau gegenüber verhalten? Vielleicht bist du auch selbst schon öfter fremdgegangen. Fühlst du dich deswegen schuldig, verurteilst du dich heute noch dafür und hast Angst, es könnte dir wieder »passieren«?

Viele Männer und Frauen, die mit ihrem Partner seit vielen Jahren eine erfüllende Liebespartnerschaft leben, berichten, dass erst das »Fremdgehen« eines der Partner eine sehr wichtige und wertvolle Bewegung in die Beziehung brachte, in der vorher beide mehr nebeneinander statt miteinander lebten und Gewöhnung, Starre und Routine sich breitgemacht hatten. Als bekannt wurde, dass einer von beiden Sex mit einem anderen hatte, fingen sie an, wieder miteinander zu sprechen und einander oft zum ersten Mal nach vielen Jahren wirklich zu begegnen – und dies mit einer Offenheit, die ihnen vorher nicht möglich war.

Die Krise, die meist ausgelöst wird, wenn sich der eigene Partner auch einem anderen Menschen zuwendet, oft noch bevor es zu einer sexuellen Begegnung kommt, hat immer einen guten Sinn und bringt ein verpacktes Geschenk für beide mit sich. Der Wunsch, der andere möge uns bitte schön treu sein und bleiben, ist verständlich. Er entstammt jedoch einem kindlichen Sicherheitsbedürfnis, dem Bedürfnis, einen Menschen ganz für sich allein zu haben, und er wird von Angst genährt. Dieses Bedürfnis hat so wenig mit unserer Natur zu tun, wie Eifersucht etwas mit Liebe zu tun hat. Eifersucht steht immer für die Angst, etwas oder jemanden zu verlieren.

Langsam beginnen immer mehr Männer und Frauen, sich dieses Thema genauer anzuschauen und ehrlich darüber zu sprechen, welche Gefühle und Gedanken sie im Innersten dazu empfinden und denken, und das jenseits von Schuld, Sünde, Moral oder Rechthaberei. Aber sie fangen meist erst dann an, darüber zu reden, wenn »es« bereits passiert ist, wenn einer von beiden von seiner außerehelichen oder außerpartnerschaftlichen Erfahrung erzählt oder diese bekannt wird. Meine Empfehlung: Fangt vorher an, über dieses so wichtige Thema »Treue und Fremdgehen« zu sprechen, bevor »es« passiert.

Wenn du von deiner Partnerin Treue erwartest oder forderst, dann frage dich zunächst mal, wie treu du dir selbst schon bist. Beides hängt eng zusammen. Sich selbst treu zu sein heißt, im Kontakt mit seinem Herzen oder seiner inneren Stimme zu sein und das zu leben, was diese Stimme einem sagt. Wie schon erläutert signalisiert dein Herz dir, was sich stimmig und was sich unstimmig anfühlt. Viele Männer und Frauen machen faule Kompromisse mit ihrem Herzen, arbeiten jahrzehntelang in einem Beruf, den sie hassen, leben mit einem Partner zusammen, den sie schon lange nicht mehr lieben oder noch nie wirklich geliebt haben, achten sehr darauf, wie andere über sie denken, und verbiegen sich entsprechend. Sie gehen weder aufrecht noch aufrichtig durch ihr Leben. Sie leben das Leben eines unbewussten Menschen, den wir zwar als »normal« bezeichnen, der aber weit davon entfernt ist, glücklich zu sein.

Solche Menschen können auch dort nicht »Nein« zu einem anderen sagen, wenn sich für sie etwas nicht gut anfühlt. Kurzum: Diese Menschen sind sich selbst nicht treu, weil sie ständig ihr Herz verraten. **Diese Untreue zu sich selbst hat natürlich ihre Folgen. Eine der häufigsten ist, dass spiegelbildlich auch der Partner oder Freunde ihnen gegenüber nicht treu sind. Nach dem Resonanzprinzip gilt: So wie du dich dir selbst gegenüber verhältst, müssen sich auch einige andere (nicht alle) dir gegenüber verhalten. Wer sich selbst betrügt oder belügt, darf damit rechnen, dass ihn auch andere und nicht selten der eigene Partner betrügen.** Warum sollte unsere Partnerin uns treu sein, wenn wir nicht einmal uns selbst gegenüber treu sind? Warum sollte sie uns vertrauen, wenn wir unserem eigenen Herzen nicht vertrauen?

Nun muss das, was wir unter »Fremdgehen« oder außerpartnerschaftlichem Sex verstehen, nicht wie ein Delikt im Strafgesetzbuch unter »Betrug« laufen, wenn beide sich bewusst entschließen, sich einander aufrichtig zu begegnen und ihre Beziehung nicht zu einem Gefängnis zu machen. Jede Art von Beziehung hat ihre Berechtigung. Wichtig ist, dass sich beide einig sind, welche Art von Partnerschaft sie leben und wie sie es unter anderem mit der sexuellen Treue halten wollen. Solange aus Angst der Mut zur Wahrhaftigkeit fehlt, viele Dinge unausgesprochen bleiben und diese Geheimnisse sich anhäufen, driften die Partner voneinander weg, und so wird die Wahrscheinlichkeit, dass das Ganze eines Tages auffliegt, immer größer.

Deshalb empfehle ich erstens, dir selbst gegenüber immer klarer darüber zu werden, was deine ganz eigene und nicht von anderen übernommene Wahrheit ist, und zweitens, mutig diese deine Wahrheit auszusprechen und zu leben. Liebe und Unfreiheit passen nie unter einen Hut. Wahre Liebe lässt den anderen immer frei und beansprucht für sich, in Liebe die eigene Freiheit zu leben. »Also kann jeder einfach alles machen, was er will?«, fragen an dieser Stelle manche empört. Meine Antwort: Ja, natürlich kann er das. Die Frage ist nur, ob es aus dem Bewusstsein und der Liebe eines Erwachsenen heraus geschieht, der bewusst seine Verantwortung für die Folgen seiner Handlungen übernimmt, oder aus der Laune eines bedürftigen oder verletzten kleinen Kindes heraus.

Geht einer der Partner fremd, ist das weder gut noch schlecht. Wer will hier den ersten Stein werfen? Wer hierin eine Katastrophe sieht und das Verhalten des anderen verurteilt, der will oder kann noch nicht erkennen, was dieser Vorgang mit ihm selbst zu tun hat. Der Sinn kann jedoch nicht erkannt werden, solange der andere verurteilt wird und der Verurteilende sich selbst zum Opfer des Partners macht und dadurch in sich ein Gefühl der Ohnmacht und Schuld erzeugt. Jede Verurteilung verstellt den Blick für das wirkliche Verstehen eines Ereignisses und für den Sinn und Wert dieser Erfahrung. **Und nicht das, was der andere tut oder nicht tut, hat Macht über unseren inneren Zustand und unser Glücklichsein, sondern ausschließlich unsere Art, darauf zu reagieren.**

Ich habe bereits eine Reihe von Ursachen benannt, warum Partner nach einer Reihe von Jahren oftmals in einer sexuellen Sackgasse landen und keinerlei Lust mehr auf gemeinsamen Sex verspüren. Paare, die auch nach Jahrzehnten noch von erfüllendem Sex miteinander berichten, haben oft einen guten inneren und auch äußeren Abstand zueinander. Viele von ihnen sehen sich – oft beruflich bedingt – tage- oder gar wochenlang nicht und können sich immer wieder aufeinander freuen und sich neu begegnen. **Je selbstständiger beide ihre eigenen Wege im Alltag gehen, je besser sie innerlich bei sich bleiben und je mehr sie mit sich selbst und anderen Menschen anfangen können, desto mehr nährt dies oft die erotische Anziehung zwischen ihnen und erneuert sie immer wieder. Wenn zwei Magnete ständig zusammenkleben, verlieren sie** mit der Zeit auch ihre Kraft. Doch auch wenn der Sex mit dem eigenen Partner als schön empfunden wird, kann niemand garantieren, dass nicht plötzlich ein anderer Mensch auftaucht, der eine große Erregung und Anziehung in dir oder in deiner Partnerin auslöst.

Wenn einer von beiden Sex mit einem Dritten hat und der Partner dies erfährt, fühlt er sich meist zutiefst verletzt, enttäuscht und verraten, während der »Fremdgeher« sich schuldig fühlt. Dieses Ereignis ist jedoch nie ein »Unfall« oder Zufall, sondern geschieht, weil es geschehen muss. Entweder nähern sich die Partner nach solch einem Ereignis einander an, beginnen sich zu öffnen, reden über ihre Gefühle, Gedanken, Sehnsüchte und Nöte, über die sie noch nie wirklich gesprochen haben, oder sie stellen fest, dass die Liebe schon lange erkaltet ist, und können neue Wege gehen. Wenn der »betrogene« Partner schon am nächsten Tag beim Scheidungsanwalt sitzt, dann war die Beziehung in Wirklichkeit schon lange vorher tot, und er hat bewusst oder unbewusst nur darauf gewartet, dass der andere sich etwas zuschulden kommen lässt, damit er selbst einen »guten Grund« und Anlass hat, endlich gehen zu können.

Viele Menschen sind immer noch überzeugt, wir könnten einem anderen Menschen versprechen oder gar schwören, ihm ein Leben lang treu zu sein und ihm unseren Körper exklusiv zur Verfügung zu stellen – und dafür dürfen wir dann vom anderen das Gleiche erwarten und noch einiges mehr. Dieses Denken hat mit Liebe nichts zu tun, sondern ähnelt eher einem Versicherungsvertrag zwischen zwei Kindern, die sich davor schützen wollen, wieder einmal verletzt und verlassen zu werden. Das, was man selbst nicht kann – sich zu lieben und seinem Herzen treu zu sein –, soll einem bitte schön der Partner liefern. Solch ein (natürlich meist unbewusstes) Denken und Verhalten muss immer wieder dazu führen, dass die befürchtete »Katastrophe« eintritt.

Die Partnerschaft von Mann und Frau wird von der Mehrheit immer noch wie eine Allianz zweier Menschen betrachtet, die die Liebe und Nähe zu anderen Menschen ausschließt. Sie soll den beiden Sicherheit bieten, und der Treueschwur soll einen unsichtbaren Zaun gegen Eindringlinge errichten. Dies hat viel mit Angst und nichts mit Liebe zu tun.

Nicht im »Fremdgehen«, sondern im Nicht-Leben unserer eigenen innersten Wahrheit liegt der eigentliche Betrug am Partner. Hierdurch leben so viele Paare innerlich unglücklich und unbefriedigt zusammen und machen sich auf Dauer das Leben schwer oder langweilen sich gemeinsam zu Tode. Die meisten Menschen sterben letztlich an gebrochenem Herzen, weil sie ihrem Verstand und den unwahren Gedanken des Massenbewusstseins folgen, die uns vorschreiben wollen, was »man« tut und was »man« nicht tut.

Tu das, was dein Herz zum Singen bringt, und folge dem, was dir als deine innerste Wahrheit erscheint – und steh dazu. Ich weiß, das kostet eine gehörige Portion Mut.

Die Krise in immer mehr Partnerschaften und Ehen zeigt seit Jahren an, dass jetzt ein altes Kapitel der Menschheitsgeschichte zu Ende geht, in dem der Einzelne seine Macht über sein Leben und sein Verhalten an andere abgab und sein Wohlbefinden von ihrer Anerkennung und Erlaubnis abhängig machte. Wir haben die Partnerschaft mit und ohne Trauschein zu einem Gefängnis gemacht und gelernt zu glauben, dass Liebe und Freiheit nicht miteinander vereinbar seien. Aber es ist genau die Liebe, die jetzt mobilmacht und uns auffordert, die Lieblosigkeit eines solchen Denkens und Verhaltens aufzudecken und einen neuen Weg zu finden.

Falls du zu den Männern gehörst, deren Frau schon einmal während eurer Beziehung mit einem anderen Mann geschlafen hat, dann war das vermutlich eine schmerzhafte Angelegenheit und hat einige unangenehme Gefühle in dir hochgeholt wie Wut, Ohnmacht, Eifersucht und das Gefühl der eigenen Minderwertigkeit. Ähnlich wie Frauen sich fragen: »Was hat sie, was ich nicht habe?«, vergleicht sich auch der betroffene Mann mit dem, der mit seiner Frau im Bett war. Dieses Vergleichen führt ihn aber nicht aus dem inneren Schmerz heraus, hinter dem meist ein kleines Selbstwertgefühl, große Angst vor Abwertung und vor dem Verlassenwerden sowie Scham- und Schuldgefühle stecken und meist heftige Verstrickungen mit Mutter und Vater der Kindheit.

Viele Männer finden es in Ordnung, wenn sie selbst mit einer anderen Frau schlafen und ab und zu einmal zu einer Prostituierten gehen (die Verheirateten sind bei ihnen die Hauptkunden). Aber bei dem Gedanken, ein anderer Mann würde mit seinem Penis in ihre Frau eindringen, flippen sie aus und könnten zum Mörder werden – und manche werden es auch. Männer gestehen ihrer Partnerin oft weit weniger Freiheiten zu als sich selbst und glauben tatsächlich, ihre Frau sei beschmutzt, wenn sie mit einem anderen Mann geschlafen hat. Solche Vorstellungen deuten darauf hin, dass diese Männer unbewusst ihren eigenen Penis und ihre sexuellen Wünsche für etwas Schmutziges halten. Und so gilt bei ihnen und in der Männergesellschaft eine Frau, die sich Sex mit mehreren Männern erlaubt, schnell als »Schlampe«, während ein Mann, der mit vielen Frauen Sex hat, als »toller Hecht« gilt. Ich freue mich, dass dieses verzerrte und lieblose Denken, das unsäglich viel Leid in Menschen erzeugt hat, sich in dieser Zeit des großen Wandels in immer mehr Menschen ändert. Es bedeutet keineswegs, dass monogames Verhalten »schlechter« oder »besser« sei als die Liebe zu mehr als einem Partner. Aber die moralische Überhöhung der sexuellen Treue entspricht weder der Natur des

Menschen noch der Liebe, sondern dem jahrtausen-
dealten Versuch von Kirche und Religion, in Menschen Angst, Scham und Schuld zu erzeugen. Denn
solche Menschen sind viel leichter beherrsch- und
manipulierbar.

22. Dein Vater – die größte Tür in deine männliche Kraft

Wie sieht deine Beziehung zu deinem Vater aus, falls er noch lebt? Neben dieser Beziehung heute hast du noch eine andere: die zum Vater deiner Kindheit. Und diese beiden können sehr unterschiedlich aussehen. Letztere ist die Beziehung des kleinen Jungen in dir zu seinem Papa von damals, die bis heute lebendig in dir gespeichert ist und dich und dein Leben mehr beeinflusst, als dir vermutlich bewusst ist. Ohne diesen Mann gäbe es dich nicht. Er hat dich gezeugt und dir zusammen mit deiner Mutter das Leben hier im Körper geschenkt. Fühlst du Dankbarkeit ihm gegenüber? Hast du ihm als erwachsener Mann schon für dieses riesige Geschenk gedankt? Auch wenn er schon »nach Hause« gegangen ist, aus seinem Körper hinaus, kannst du das noch tun. Und das ist sehr wichtig für den Weg, den du als Mann jetzt durch dein Leben gehst.

Ganz gleich, welches Verhältnis du zu ihm und er zu dir hatte als Kind und als Jugendlicher, dieser Mann gehört – neben den Männern und Frauen deiner Ahnenfamilie – zu deinen lebendigen Wurzeln, die dir

Halt und Kraft geben können, deinen ganz eigenen Weg als Mann zu gehen und wahrhaftige Männlichkeit zu leben. Was das genau ist, dürfte dir inzwischen dämmern. Es gibt noch nicht viele Männer, die ihre Männlichkeit mit Freude und mit Stolz leben. Es gibt neben dem aufgesetzten Stolz der Überheblichkeit einen sehr gesunden natürlichen Stolz, den ein Mann nicht »stolzierend« vor sich hertragen muss. Er hat mit Selbstwürde und gesundem Selbstbewusstsein zu tun und mit der puren Freude am Mann-Sein.

Dein Vater war und bleibt der erste Mann in deinem Leben, der in jedem Fall deine Gedanken über das Mann-Sein, über Männer und über dich als Mann geprägt hat. Und das unabhängig davon, ob er eher abwesend oder anwesend war, ob er dir stark oder schwach erschien, ob er dich liebevoll gefördert hat oder dich abgelehnt, abgewertet, bestraft oder geschlagen hat. Jeder hat eine innere Beziehung zu seinem Vater, selbst dann, wenn der sich nach der Zeugung aus dem Staub gemacht hat. Du kannst das ablehnen, nicht glauben oder für Unsinn halten. Doch um deinen Vater und die Klärung deiner Beziehung zu ihm kommst du nicht herum in diesem Leben, und wenn es auf deinem Sterbebett geschehen sollte.

Viele Männer wollen nicht über die Beziehung zu ihrem Vater reden. Oft sind die Wunden der Kindheit noch zu tief, ihre Wut auf ihn oder ihre Enttäuschung noch zu groß, als dass sie bereit wären, sich dies alles genauer anzuschauen. Meine eindringliche Bitte an dich heißt: Mach dich jetzt auf, mit deinem Vater ins Reine zu kommen und die Verstrickungen zu lösen, die *jeder* Mann mit seinem Vater hat.

Wenn du einen schwachen Vater hattest, der vielleicht von deiner Mutter dominiert wurde, der selten eine klare Meinung zu etwas hatte oder keinen »Arsch in der Hose«, wie wir sagen, dann hast du ihn zumindest zeitweise verachtet oder dich für ihn geschämt. Vielleicht hattest du auch Mitleid mit ihm und hast ihm mehr Stärke und Durchsetzungskraft gewünscht. Egal, ob unsere gefühlsmäßige Beziehung zu unserem Vater durch Mitleid, Scham, Verachtung oder Groll geprägt ist, wir sind in jedem Fall in hohem Maße mit ihm verstrickt und dadurch in unserem eigenen Mann-Sein gebremst und gefangen. Auch wenn du deinen Vater auf einen Sockel gestellt hast, weil du ihn für seine Leistungen oder für etwas anderes bewundert hast, darfst du ihn heute liebevoll von diesem Sockel auf Augenhöhe herunterholen, sonst wird dieser Übervater in dir dafür sorgen, dass du nicht in deine wahre Größe hineinwachsen kannst.

Solange dein Vater im Geist, oder besser in deinem unsichtbaren feinstofflichen Energiekörper, nicht hinter dir steht, dir nicht mit Stolz und mit Liebe seine Hand auf die Schulter legt, ist dein Weg zu deinem wahren Lebenserfolg und in eine fröhlich-kraftvolle

Männlichkeit (noch) verbaut. Wie ich schon bei der Mutter schrieb: **Es ist nicht entscheidend, wie die Beziehung zu ihm in deiner Kindheit und Jugend war. Einzig entscheidend ist, was und wie du heute über ihn denkst, fühlst und sprichst und ob du jetzt bereit bist, den Weg in den Frieden mit ihm und in die Freiheit von deinen Verstrickungen mit ihm zu gehen. Du darfst und kannst lernen, ihn und seine Lebensleistung anzuerkennen, zu würdigen und zu ehren, sonst wird diese »Baustelle« erhebliche negative Folgen für dich und dein Männerleben zeigen.** Dein Vater hat es – genau wie du selbst bisher – immer so gut gemacht, wie er konnte. Er hat sein Bestes gegeben und konnte nicht anders, auch wenn in dir noch jemand wütend sagt: »Doch, hätte er doch, wenn er nur gewollt hätte!«

Was die wenigsten Männer bisher begreifen, ist, dass auch ein »schwacher« Vater der Kindheit, der in den Augen des Jungen ein »Loser« war und/oder getrunken hat, ebenso wie ein tyrannischer Vater, der herumgebrüllt, geschlagen oder missbraucht hat, in jedem Fall die Tür zu unserer kraft- und freudvollen Männlichkeit darstellt. Sowohl die Freude an unserem Männerleben als auch der Erfolg, den wir uns in Leben und Arbeit so sehr wünschen, werden durch unseren eigenen Unfrieden mit ihm verhindert. Und selbst wenn wir erfolgreich sind, werden wir es selten genießen können, sondern mit ungeheurem Kraftaufwand weiterkämpfen müssen, was uns mit den Jahren in die Position der Schwäche zwingt.

Wenn du dich damals entschieden hast, nicht so zu werden wie dein Vater, wenn du insbesondere nicht so schwach sein wolltest wie er, dann führt diese Entscheidung irgendwann dazu, dass das Leben dich in diesen abgelehnten Pol der Schwäche, zum Beispiel in die Erschöpfung bis hin zu Burn-out oder Depression oder in eine Sucht hineinzwingen muss. Warum? Weil es ein Gesetz der Natur ist, dass in jedem Energiesystem – und wir sind ein solches – immer wieder ein Ausgleich und eine Mindestbalance zwischen den Polen stark/schwach, Denken/Fühlen, Verstand/Herz, Anspannen/Entspannen und so weiter hergestellt werden darf.

Viele Väter erzeugten in ihrem kleinen Jungen wie im Mädchen eine Angst vor dem Männlichen: Sie unterdrückten ihre Ängste, ihre Wut und ihre Trauer so lange wie möglich, um dann entweder in ein depressives, alle anderen bedrückendes Schweigen zu versinken, oder um die Familie, mehr oder weniger häufig, mit ihren jähzornigen Ausbrüchen zu erschrecken. Manchem Erwachsenen stecken Szenen eines betrunkenen, schreienden und terrorisierenden Vaters noch lebhaft in den Knochen. Da die hilflose Mutter ihn außerdem oft als strafende Instanz missbrauchte (»Warte nur, bis Papa nach Hause kommt!«), zieht das Kind hieraus den Schluss: Männer sind entweder traurige oder böse Gestalten. Vor Männern nimmt man sich besser in Acht und kommt ihnen lieber nicht zu nahe.

Erinnere dich daran, welche Atmosphäre dein Vater (falls du einen anwesenden Vater hattest) in deiner Kindheit in der Familie erzeugt hat. Wenn du mit Mutter oder Geschwistern friedlich zu Hause warst und dann hörtest, wie die Haustür aufging, und wusstest: »Jetzt kommt Papa!« – welches Gefühl löste das in dir aus? In vielen Familien schlug in dieser Situation schlagartig die Stimmung um, weil jeder sich fragte: »Wie ist er heute drauf? Gut gelaunt oder mies?« Auf diese Weise haben Väter durch ihre bloße Anwesenheit ein Klima der Angst in ihrer Familie erzeugt.

Ein kleiner Junge sehnt sich danach, dass er von seinem männlichen Vorgänger und Erzeuger gesehen und wertgeschätzt wird. Das Lob des Vaters hat für ihn ein anderes Gewicht als das Lob der Mutter. Wenn der kleine Junge etwas geschafft hat, wenn er seinen ersten Turm gebaut hat, das erste Mal auf einen Baum geklettert ist oder mit seinem Fahrrad fährt, ohne festgehalten zu werden, dann lechzt er geradezu nach der Anerkennung des großen Mannes. Sein Ruf »Papa, Papa, guck mal, was ich kann!« wird jedoch selten mit einem bewundernden »Toll! Super machst du das!« beantwortet. Denn ein Mann, der an sich selbst wenig Tolles findet, kann auch seinen Sohn nicht aus ganzem Herzen loben und nähren.

So gehen die Söhne schließlich ins Leben hinaus ohne das Bewusstsein: »Mein Vater ist stolz auf mich. Ich spüre seine Hand auf meiner Schulter und höre seine

Stimme, die mir sagt: ›Du machst das schon. Du bist stark. Meine Liebe begleitet dich.‹« Der Mangel an Anerkennung und Wertschätzung vonseiten des Vaters nagt noch am erwachsenen Mann, auch wenn er ihn tief ins Innere verdrängt hat. Er hinterlässt in ihm ein Vakuum, das er auf andere Weise zu füllen versucht. Viele werden es kaum glauben, aber ich vermute, dass jeder fünfte Mann noch nie in seinem Leben von seinem Vater herzlich umarmt wurde, weil jener nicht in der Lage war, so viel Gefühl zu zeigen.

Täglich rennen Millionen Männer mit dieser unerfüllten Sehnsucht nach Anerkennung und Liebe des Vaters im Bauch an ihren Arbeitsplatz. Sie wollen nicht nur gutes Geld verdienen, sondern auch eine Arbeit abliefern, die ihnen das Lob und die Wertschätzung ihrer Vorgesetzten einbringt. Da der Chef jedoch nicht der Vater ist und ihn selbst oft Zweifel und Ängste plagen, ist er nicht in der Lage, seinen Mitarbeitern das zu geben, was sie sich unbewusst so sehr wünschen: emotionale Wärme, aufrichtige Rückmeldung und kraftvoll anerkennende Unterstützung. Frühere familiengeführte Firmen mit einem führungsstarken, aber warmherzigen Chef an der Spitze konnten diese Bedürfnisse vieler Männer noch ganz anders auffangen und befriedigen. Probleme mit Vorgesetzten und Autoritätsfiguren wie Lehrern, Polizisten, Vertretern von Behörden oder »Vater Staat« lassen sich fast immer auf ein unfreies, verstricktes Verhältnis zum Vater der Kindheit zurückführen, ebenso wie berufliches Scheitern. **Beruflicher Misserfolg und Probleme mit Vorgesetzten sind aus meiner Erfahrung zu 90 Prozent auf schwache und/oder abwesende Väter zurückzuführen.** Die »vaterlose Gesellschaft«, die Alexander Mitscherlich schon in den 1960er-Jahren beschrieb, existiert auch heute noch in weitem Maße, und sie hat auf Töchter und Söhne sowie auf die Mann-Frau-Beziehung katastrophale Auswirkungen.

Trotz alledem: Wir sind Teil des großen unsichtbaren Energiesystems, in das wir und alle Männer und Frauen, die uns als Ahnen vorausgingen, untrennbar eingebunden sind. Sowohl von unserem Vater und dessen männlichen Vorgängern als auch von der Mutter und den Urmüttern wollen uns Kräfte zufließen, die beide Geschlechter benötigen, um ein ausgeglichenes glückliches Leben zu führen.

Ganz egal also, ob der Vater früh verstarb, überhaupt nicht oder nur wenig zu Hause war, die Familie nach einer Scheidung verließ, ob er als Despot oder als Schlappmann auftrat, wir Männer brauchen diesen Vater im Rücken als liebende, anerkennende und nährende Kraft und als erste Person unserer männlichen Ahnenreihe, die uns als Mann zuruft: »Du bist unser Fahnenträger. Mach etwas aus unserem Erbe, das in dir steckt!« Die meisten Menschen haben kein Problem damit, das biologische Erbe ihrer Vorfahren anzuerkennen, das über die Analyse von Genmaterial nachweisbar ist. Ebenso wissen wir es heute zu schätzen, dass Männer von Generationen vor uns das Rad, den Motor, den Buchdruck und vieles andere erfunden haben. Ohne ihr Erbe würde heute kein Mensch in ein Auto steigen oder ein Buch wie dieses hier lesen können.

In uns existiert aber auch ein psychologisches Erbe. Was unsere Väter und Mütter gestern und seit Hunderten von Jahren gelebt und an Lebensmustern erschaffen haben, ist kein »Schnee von gestern«, sondern in uns allen komplett gespeichert. Wird dieses Erbe von uns nicht anerkannt und gewürdigt, können wir als Männer und Frauen auch nicht darüber hinausgehen, sondern wiederholen die Muster und das Leid erzeugende Verhalten unserer Urväter und Urmütter wieder und wieder. Aus diesem Kreislauf können und müssen wir jetzt aussteigen. In der Meditation »Befreiende Begegnung mit deinen männlichen Ahnen, deinen Ur-Vätern« kannst du all den Männern, die dir vorausgingen, begegnen und dich als Mitglied dieser riesigen Männergemeinschaft spürbar erleben. Durch die bewusste Verbindung zu diesen deinen lebendigen Wurzeln fließt dir eine Kraft zu, die dich in deinem Mann-Sein sehr unterstützt und nährt.

www.robert-betz.com/wahrhaftig-mann-sein

Jeder Mann ist in der Lage, die liebend nährende und stärkende Verbindung zum eigenen Erzeuger wie zu den männlichen Ahnen herzustellen, auch wenn sie in der Kindheit völlig gefehlt hat. Ich empfehle jedem, seinem Vater mithilfe der von mir geführten Meditationen in seinem Inneren zu begegnen, seine Beziehung zu ihm zu klären und ihn dadurch »hinter sich« zu stellen. Das ist kein Fantasiespiel, sondern eine Begegnung, die jeder Mann individuell und einzigartig erlebt. Dabei sieht und spürt er sofort, welche innere Beziehung gegenwärtig zum eigenen Vater besteht. Fast alle entdecken in höchstem Maße Verstrickungen, die sichtbar und spürbar sind, und die jeden Tag in ihrem Leben Wirkung zeigen, unter anderem durch Beschwerden auf der rechten, der männlichen Körperhälfte, welche die männliche Seite und zugleich auch die »Vaterseite« darstellt.

Ich empfehle sehr, dir bald die Zeit zu nehmen für die Meditation »Begegnung mit dem Vater deiner Kindheit«, die du über den nachfolgenden Link oder QR-Code herunterladen kannst. In dieser Meditation werden nicht nur deine Beziehung und deine Gefühle zu deinem Vater lebendig, die du in deiner Kindheit hattest. Du gewinnst ein neues Verständnis sowohl für deinen Vater als Mann als auch für den Jungen, der du damals warst. Und dies ebnet den Weg zum Frieden mit dir selbst und zu deinem Vater, ganz gleich, ob er heute noch im Körper lebt oder nicht.

www.robert-betz.com/wahrhaftig-mann-sein

Ich habe die offensichtliche Wirkung der Meditationen auf der CD »Mein Vater und ich« bei vielen Hundert Männern und Frauen in meinen Seminaren beobachten können. Die väterliche Kraft und Liebe fließen unmittelbar in das feinstoffliche System im Bereich des Kreuzbeins hinein und bringt den Menschen dazu, sich aufzurichten und kraftvoll und selbstbewusst durch sein Leben zu gehen. Ich empfehle jedem, der mit seinem Vater nicht im Frieden ist und in keiner herzlichen, liebenden Verbindung zu ihm steht, diese Meditationen über ein bis zwei Monate regelmäßig, am besten wöchentlich, durchzuführen.

Mein eigener Vater wurde 1910 geboren und erlebte zwei Weltkriege. Im zweiten kam er in russische Gefangenschaft und konnte nach fünf Jahren Lagerzeit von dort fliehen. Er hat wie die meisten Kriegsteilnehmer nie über die Kriegszeit und das Leiden der Männer gesprochen. Wie so viele von ihnen vergrub auch er zeitlebens seine Erlebnisse und Gefühle in sich und starb am Ende am dritten Herzinfarkt, aber in Wirklichkeit wie so viele Männer an gebrochenem Herzen.

Anders als in meiner Jugendzeit kann ich heute seine Lebensleistung hoch anerkennen. Er hat seiner Familie sein Leben lang als Ernährer und Versorger gedient. Mit vierzehn Jahren begann er als Botenjunge in einer großen Stahlfirma, in der er sich mit den Jahren zum Leiter der Kostenrechnung (heute Controlling) hocharbeitete und einen Ruf als strenger, aber auch zuverlässiger Chef genoss. Als »seine« Firma zum ersten Mal rote Zahlen schrieb und Verluste machte, erlitt er wenige Tage später seinen ersten Infarkt, so sehr identifizierte er sich mit ihr.

Er kam aufgrund seines eigenen niedrigen Selbstwertes nie auf die Idee, dass auch in seinen Söhnen Talente stecken könnten, und schenkte uns wenig Anerkennung oder Wertschätzung. Stattdessen wertete er besonders meine zwei Brüder verächtlich als »dumm« ab. Mich bezeichnete er gern als »Memme«, wenn ich zum Beispiel die siedend heiße Suppe nicht so schnell hinunterstürzen konnte, wie er das im Krieg gelernt hatte. Und selbst meine erfolgreiche Kriegsdienstverweigerung, die damals noch über ein schwieriges Verfahren erkämpft werden musste, verurteilte er trotz seiner eigenen schlimmen Erfahrungen im Krieg und in russischer Gefangenschaft. Ich selbst habe ihn über lange Zeit als »Geizhals« verachtet, weil es zu Hause immer wieder zum Krach mit meiner Mutter wegen des Haushaltsgeldes kam und diese für persönliche Wünsche kaum etwas erhielt.

Er war in meinen Augen damals »der Böse« und meine Mutter »die Arme«. Später habe ich mein Urteil zurückgenommen, als ich begriff, wie viele Ängste und Kleinheitsgefühle in ihm gesteckt haben müssen. Ich erfuhr, dass er während seiner gesamten fünfundvierzigjährigen Berufstätigkeit nie eine Gehaltserhöhung verlangte und offenbar über Jahrzehnte deutlich weniger verdiente als die anderen Abteilungsleiter der Firma. Das könnte man als Dummheit bezeichnen, aber ich weiß heute, dass es seinem Gefühl der Kleinheit und der Unfähigkeit entsprang, sich selbst wertzuschätzen und für sich einzustehen.

Als ich mich mit siebzehn Jahren entschloss, in »seiner« Firma eine Lehre zum Industriekaufmann zu machen, muss er große Angst gehabt haben, ich könnte ihn, den angesehenen Abteilungsleiter, blamieren. So ließ er sich von seinen Kollegen meine Monatsberichte vorlegen, bevor sie zur Personalabteilung wanderten. Und als ich ihm ein paar Jahre später stolz mein erstklassiges Abschlusszeugnis des Abendgymnasiums schickte, war er nicht in der Lage, seinen Stolz auf mich auszudrücken. Nur indirekt erfuhr ich, dass er vor anderen mit meinem Zeugnis angab. Heute ist mir auch klar, dass meine eigenen früheren Probleme, sorgsam mit Geld umzugehen, aus der Verstrickung mit meinem als »geizig« verurteilten Vater entstanden. Weil ich es vollkommen anders machen wollte als er, tendierte ich dazu, immer mehr Geld auszugeben, als ich verdiente, und meinen Dispokredit oft bis zum Anschlag ausnutzte, zur Freude meiner Sparkasse.

Ich bin meinem Vater heute in Liebe und Respekt verbunden und ziehe meinen Hut vor seinem Lebenslauf, den ich nicht gegen meinen tauschen wollte, der so viel leichter ist. Er steht, ebenso wie meine Mutter, im Geiste hinter mir, und seine Liebe fließt mir zu. Dasselbe wünsche ich jedem Mann und jeder Frau, und in meiner »Transformationswoche« habe ich die große Freude, den Weg dorthin zeigen zu dürfen. Welche Veränderungen in Richtung Frieden und Freiheit in vielen Teilnehmern innerhalb einer Woche eintreten, glaubt kaum jemand, der es nicht erlebt hat, schon gar kein Psychologe (außer denen, die jetzt zunehmend teilnehmen, wie auch immer mehr Ärzte). Das letzte Argument der Zweifler lautet meist: »So einfach kann es nicht gehen.« Aber das Leben ist einfacher zu verstehen und zu verändern, als wir bisher glauben.

23. Hast du Bock auf deine Arbeit?

Männer verbringen im Allgemeinen die meiste Zeit ihres Lebens mit Arbeit. Nicht nur ihre Frauen beklagen dies, sondern sie selbst auch, besonders am Ende ihres Lebens. Würde ihnen diese Arbeit größte Freude und Erfüllung bringen, wäre das Ganze noch erträglich, aber das ist im Laufe der Jahre bei immer weniger Männern der Fall, ob sie nun selbstständig oder angestellt sind. Drei Schlüsselfragen an dich: **Liebst du das, was du tust? Und tust du das, was du zu tun liebst?** Und drittens: **Tust du das, was du tust, mit Liebe, Freude und Hingabe?** Wenn du eine der Fragen ehrlicherweise mit »Nein« beantworten musst, dann wird es Zeit zu erforschen, wie du in dieses Dilemma geraten bist und was dich darin festhält.

Neben der Beziehung zu einer Frau ist die Arbeit in der Regel das Hauptkapitel im Bewusstsein eines Mannes. Zunächst erfährt er dabei oft noch Freude, die jedoch früher oder später oft in Frust oder Überforderung umschlägt. Daran sind weder die Wirtschaft, die Firmen noch die »beknackten« oder »inkompetenten« Vorgesetzten schuld, auch wenn ihnen gern der »schwarze Peter« zugeschoben wird. Die frustrierende Sackgassensituation, das Gefühl, keine Wahl zu haben und sich für andere abrackern zu müssen, die weder ein menschliches Interesse an einem haben noch die Kompetenz, die man von Vorgesetzten oder Firmeninhabern erwartet – all das haben wir Männer selbst erschaffen, ebenso wie die Sackgassen in unseren Partnerschaften. Dein Kopf mag sich gegen diese Behauptung kräftig wehren. Wenn du aber etwas an deiner inneren und äußeren Situation ändern willst, anstatt bis zur Rente oder zum Herzinfarkt so weiterzuwursteln, dann lade ich dich ein, aus dem Bewusstsein eines »Opfers« auszusteigen und herauszufinden, was du selbst mit dem Ganzen zu tun hast.

Erinnerst du dich noch an deine Kinder- und Jugendträume, an das, was du mal werden wolltest? Was waren deine ersten Vorstellungen von einem Traumleben oder Traumberuf? Es gibt heute anscheinend immer weniger Jungen, die früh wissen, was sie begeistert und was sie einmal erfolgreich im Beruf umsetzen wollen. Damals, in deiner Kindheit oder Jugend, als du es vielleicht wusstest, musstest du da vielleicht hören, dass dein Herzenswunsch zum Broterwerb nicht viel tauge? Viele junge Männer schlugen sich damals ihre »Flausen« aus dem Kopf, entschieden sich für einen vermeintlich »sicheren« Beruf oder übernahmen halbherzig den Betrieb der Eltern, weil diese darauf drängten.

Die ersten Bilder, die wir uns über Arbeit machen, erhalten wir durch unsere Väter, die zur Arbeit gehen und die wir nach der Arbeit erleben. Wie hast du deinen Vater erlebt, wenn einer da war? Schon früh erfahren wir, dass wir unser Männerleben vor allem mit Arbeit verbringen würden und dass dieser »Ernst des Lebens« kein Zuckerschlecken sei. Das Ansehen eines Mannes steht und fällt bei uns mit der Frage, ob er »es« geschafft hat, ob er mit seiner Arbeit erfolgreich ist und gutes Geld verdient. Kaum einer stellt sich die Frage, ob er glücklich ist mit dem, was er da täglich tut, ob er Spaß daran hat und ob es ihn erfüllt. Dies ernsthaft zu fragen, dazu fehlt vielen der Mut, weil sie die Antwort schon kennen und den Schmerz darüber nicht spüren wollen, dass sie etwas tun, das ihr Herz gar nicht will und das es schon gar nicht zum Singen bringt.

Der Gedanke »Ich muss es schaffen. Ich muss irgendwie erfolgreich sein und gutes Geld verdienen« erzeugt einen enormen Druck. Er wird zu einem Grundgedanken des jungen Mannes, der in der Arbeit seine permanente Bewährungsprobe als Mann sieht. Schafft er »es« nicht, ist er in seiner Selbsteinschätzung kein »richtiger« Mann, sondern ein Versager. Kein Wunder, dass sich heute immer mehr junge Männer diesem Erfolgsdruck völlig entziehen, weil sie täglich am Vater sahen, wohin dieser Weg führt. Entweder verbringen sie das halbe Leben mit Ausbildungen, beginnen erst mit dreißig zu arbeiten oder schlagen sich mit Jobs durch, oder sie verweigern sich mit einer Null-Bock-Einstellung gänzlich diesem Männervorbild und sagen sich: »Ich bin doch nicht blöd!« Die Zahl derjenigen, die sich dem üblichen Männer-Malocher-Bild verweigern, steigt seit ein paar Jahren, und die Verweigerung beginnt in den Köpfen der Jungen immer früher. Die Mädchen sind da weit ambitionierter und lassen die Jungs auf immer mehr Gebieten immer weiter hinter sich.

Die meisten Männer haben, wenn sie das Elternhaus verlassen, kein großes Selbstwertgefühl, weil ihnen das weder der Vater noch die Mutter vermitteln konnte, denn jene besaßen selbst in der Regel wenig davon. So gehen die Männer mit einer tiefen Unsicherheit, einem Hunger nach Anerkennung und Wertschätzung auf ihren Weg und erfahren über kurz oder lang Pleiten auf den zwei Hauptschauplätzen ihres Lebens: Beruf und Partnerschaft. Denn sowohl von ihrer Partnerin als auch vom Chef und der Firma erwarten sie etwas, das sie sich selbst bisher nicht geben können. Sie wollen anerkannt, gelobt und letztlich geliebt werden für das, was sie tun. Aber sie lieben nicht das, was sie sind: nämlich junge Männer mit einer tiefen Sehnsucht nach etwas Eigenständigem, nach der Erfüllung ihrer Träume, nach Bestätigung von außen und mit vielen unterdrückten, unangenehmen Gefühlen in sich. Aber weder Frauen noch Firmen wünschen sich kleine, liebeshungrige Jungen im Männerkörper, sondern gestandene und in sich stehende Männer, die wissen, was sie wollen, und es durchziehen, die für sich und ihr Leben Verantwortung übernehmen. Aber wer nicht weiß, wie der Mensch tickt und wie unwahre Gedanken und abgelehnte und unterdrückte Gefühle Lebenswirklichkeit erschaffen, der kann für sein Leben noch nicht bewusst die Verantwortung übernehmen. Der sieht und fühlt sich schnell als Opfer anderer, anstatt als Schöpfer seines Lebens. **Dann wird der Chef für die meisten Männer zur Projektionsfigur des eigenen Vaters, der physisch oder emotional abwesend war, ihnen nicht den Rücken gestärkt hat und nicht zeigen konnte, was zu einem freudvollen Männerleben führt.**

Eine unterstützende Haltung können die meisten Väter bis heute nicht zu ihren Söhnen einnehmen, weil sie selbst nicht stolz auf sich sind und ihre eigene Lebensleistung nicht wertschätzen. Aber es ist – nochmals betont – völlig gleichgültig, was für einen Vater du hattest und ob er überhaupt da war. Du allein hast es in der Hand, dein inneres Verhältnis zu dem Vater deiner Kindheit zu verändern, damit er sich heute im Inneren kraftspendend hinter dich stellt. Das empfehle ich jedem Mann, auch wenn er schon siebzig ist, denn wer auf der inneren Ebene die Liebe und Wertschätzung seines Vaters erhält, steht nicht nur im Beruf besser seinen Mann, sondern verändert sein gesamtes Grundlebensgefühl und auch die Qualität seiner Partnerschaft.

Wer den Mut hat, seinem Vater auf dem inneren Weg zu begegnen, mit ihm Frieden zu schließen, seine Verurteilungen zurückzunehmen und die Verstrickungen mit ihm zu lösen, wird die Auswirkungen in Beruf, Partnerschaft und in seinem Körper schon nach wenigen Wochen erleben. Wir haben bis heute in der Breite noch kaum eine Ahnung davon, wie sehr uns der innere Unfrieden mit unserer Vergangenheit in der Gegenwart einschränkt und behindert.

Viele denken, sie seien an den falschen Chef geraten. So einen »inkompetenten«, »ignoranten« oder »unfähigen« Menschen hätten sie nicht verdient. Aber ich kann dir versichern: Es gibt keinen Zufall im Leben. Die Frauen wie die Chefs in deinem Leben waren immer die »Richtigen«, denn das Leben kennt keine Fehler. Du selbst hast diese Menschen unbewusst angezogen und genau die Erfahrungen gemacht, die du machen musstest. Wenn du jetzt so weit bist, deine Antwort auf das »Warum?« zu finden, dann öffnet sich für dich der Weg zur Erkenntnis, zum Frieden mit deiner Vergangenheit und zu einem bewussten Erschaffen und Gestalten deiner Lebenswirklichkeit.

Genauso wenig wie dein Vater dich unabhängig von seinem eigenen Selbstwertgefühl loben und fördern konnte, sind die meisten Chefs in der Lage, sich in die emotionale und persönliche Situation ihrer Mitarbeiter hineinzuversetzen und ihnen eine stützende Führung zu bieten. In den meisten von ihnen stecken ähnliche kleine, ängstliche Jungs, die froh sind, es ein Stück nach oben geschafft zu haben.

Kaum eine der größeren Firmen ist heute noch eine Familie, wie das früher in manchen mittelständischen, besitzergeführten Unternehmen der Fall war, in denen der Chef Werte vorlebte, seine Mitarbeiter persönlich kannte und förderte und eine emotionale Beziehung zu ihnen hatte. Dennoch kommen in einer Firma immer die Richtigen zusammen, und so können die Erfahrungen mit Vorgesetzten und mit Kollegen zu einem Feld fruchtbarer Selbsterkenntnis und schöpferischer Lebensveränderung werden. Nicht indem man schnell kündigt, sondern indem man erst einmal schaut, warum man sich solche Erfahrungen selbst erschaffen hat.

Viele, die mit ihrer Arbeit und dem betrieblichen Umfeld nicht zufrieden sind, glauben, dass Kündigung und Stellenwechsel die erhoffte Wende bringen würden. Sie meinen, es müsse nur die richtige Firma kommen, dann wäre alles anders. Aber oft sind sie enttäuscht, wenn sie feststellen, dass sich in der neuen Firma die Dinge wiederholen, ähnlich wie in der Beziehung zu einer neuen Frau. Das ist kein Wunder, solange der Mann nicht sieht, was er selbst mit seinen Erfahrungen zu tun hat. **Unangenehme bis schmerzhafte Erfahrungen mit dem Chef, dem Kollegen oder Beziehungspartner sind sinnvoll und notwendig, um aus dem alten Bewusstsein eines Opfers aufzuwachen, das** glaubt, unter einer ungerechten, lieblosen Umwelt zu leiden. Erst dieser Schritt gibt uns die Möglichkeit, unsere eigenen alten Schöpfungen zu würdigen und tatsächlich neue Wege einzuschlagen und vom unbewussten vermeintlichen »Opfer« zum bewussten Schöpfer unseres Lebens zu werden.

Jungen und jungen Männern wird immer noch vermittelt, das Leben sei ein Kampf, in dem es Gewinner und Verlierer gibt. Und wenn man sich umschaut in der Welt und auch in der Arbeitswelt, scheint die Wirklichkeit diesem Glaubenssatz recht zu geben. Erst wenige kommen darauf, diesen Grundgedanken infrage zu stellen, um zu erkennen, dass wir unser Leben aufgrund dieses Glaubens zu einer harten, mühseligen und kämpferischen Angelegenheit machen, bei der viele als Verlierer auf der Strecke bleiben, mit Verletzungen des Körpers, der Psyche und mit sonstigen Verlusten materieller und nicht-materieller Art. Wenn auch du glaubst, das Leben sei ein Kampf, dann muss dir das Leben etwas zum Kämpfen schicken, vermeintliche Gegner, harte Bedingungen, ungerechte Behandlung, fiese Kollegen oder idiotische Chefs. Das Leben kann nicht anders, denn so wie du über das Leben denkst, so erfährst du es. Nach deinem Denken und Glauben geschieht dir.

Neben den Verletzungen, Enttäuschungen, Sehnsüchten und unterdrückten Gefühlen des kleinen Jungen, der du einmal warst (und der lebendig in dir sitzt und dich oft steuert), sind es vor allem deine Grund-überzeugungen über das Leben, die anderen Menschen und über dich selbst, mit denen du deine bisherige Lebenswirklichkeit erschaffen hast. Ich bin überzeugt, dass wir schon in wenigen Jahren kopfschüttelnd auf diese jetzt zu Ende gehende lange Zeitepoche des Menschen zurückschauen und uns fragen werden, wie wir nur so dumm sein konnten, im Leben und in der Arbeitswelt in solch einer Sackgasse zu landen. Diese Dummheit heißt in Wirklichkeit Unbewusstheit. Offenbar gehört das Ganze zum Erfahrungs- und Entwicklungsweg des Menschen, auf dem er sich jetzt anschickt, einen Bewusstseinssprung zu machen zu einem Wesen, das weiß, welche Saat es mit seinen Gedanken, Gefühlen, Worten und Handlungen sät.

Als die Männer früher in den Krieg marschiert sind, haben sie zusammengehalten. Da ging es gegen einen Gegner. Heute marschieren sie in die Betriebe und bekämpfen sich gegenseitig, die meisten denken nur noch an sich. Das gemeinschaftliche Ziel der Arbeit beziehungsweise der Firma wird zur Nebensache und innerlich immer weniger mitgetragen. Bei diesem Denken kann es am Ende nur Verletzte und Verlierer geben. Auf Dauer hält das keine Firma aus. So hat sich der Mann von der Liebe zu sich selbst getrennt und infolgedessen das Bewusstsein von Gemeinschaft und Verbundenheit mit allen Männern verloren.

Die Verletzten und die Leichen auf diesem lautlosen Schlachtfeld sind heute schon unzählbar, die Burn-out-Abteilungen der Kliniken überfüllt. Schau nur mal in die Gesichter deiner Kollegen, deiner Vorgesetzten oder in dein eigenes. Wo du hinschaust, wirst du eine Vielzahl todernster, ängstlicher, verkniffener und verbitterter Gesichter erkennen, die von Einsamkeit, Enttäuschung, Wut und Angst erzählen. Wie viele Kollegen kennst du, die mit spielerischer Freude arbeiten, einander mit Neugier und Freundlichkeit begegnen und sich gegenseitig unterstützen?

Neid und Eifersucht im Mann sind zum einen ganz menschliche Emotionen, die wir in der Kindheit erzeugt haben und die seitdem in uns stecken und uns heute noch belasten, weil wir uns weigern, uns ihnen (unseren Schöpfungen) zu stellen und sie zu verwandeln. Zum anderen sind sie das Ergebnis der Trennung des Mannes von der Liebe zu sich selbst. **Wer innerlich mit sich selbst im Krieg liegt, wer sich selbst kein Freund ist und nicht für seinen inneren Frieden, für Ausgeglichenheit und für die Heilung alter Wunden sorgt, der muss auch im inneren Krieg mit seinen Mitmännern liegen.** Kommt ein geringes Selbstwertgefühl hinzu, das die anderen stets schnell wahrnehmen, kann man erfahren, was Mobbing ist, ebenfalls ein Phänomen, über das seit Jahren vermehrt geklagt wird. Vordergründig handelt es sich hier um Opfer und Täter; aber im Grunde verbindet diese beiden mehr, als ihnen bewusst ist. Der Gemobbte ruft durch

sein mieses Selbstwertgefühl und seine ihn selbst nie-
dermachenden Gedanken geradezu den Angriff des
Mobbers auf den Plan, zumal dann, wenn er voller
Verurteilungen gegenüber der »ungerechten Welt« und
seinen Mitmenschen durchs Leben geht. Der sich selbst
ebenfalls nicht liebende Mobber findet hier die Gelegenheit, die eigene unterdrückte Wut und den Selbst-
zweifel auf ein »Opfer« zu projizieren und sein Müt-
chen an ihm zu kühlen.

**Ich empfehle jedem, immer bewusster wahrzunehmen,
welche Gefühle Kollegen, Vorgesetzte, Kunden und andere in ihm auslösen. Diese Gefühle waren schon lange
vorher in uns – von uns selbst erschaffen – und wollen
endlich angenommen und verwandelt werden.** Die dahinter liegenden Gedanken, mit denen wir diese Gefühle ursprünglich erzeugten, und alle Verurteilungen uns selbst, anderen und dem Leben gegenüber,
können wir uns ebenso bewusst machen und dabei
erkennen, wie unwahr sie sind. Unwahre Gedanken, verdrängte und abgelehnte Emotionen sowie ein
Leben in Unbewusstheit sind die Hauptverursacher
von Leid, Schmerz und Mangelzuständen im Leben
eines Menschen.

Wer weiter glaubt, »unabhängig« von anderen als Ein-
zelkämpfer durch sein Leben gehen zu können, wer das
Spiel der Verurteilungen, des sich von anderen trennen-
den Denkens weiterspielt, wer sein Herz weiter verschlossen hält und sich selbst und anderen Verständnis,

Mitgefühl, Vergebung, Unterstützung und Liebe vorenthält, der wird spätestens am Ende seines (meist viel zu kurzen) Lebens erkennen, dass er das Wichtigste darin versäumt hat, selbst wenn er Millionär geworden ist. Unser Herz wünscht sich, dass wir uns wieder daran erinnern, wer wir sind und was die größte Kraft in uns und im Leben ist. Es ist die Liebe. Wir leben, um die Liebe und das Lieben und ihre zentrale Bedeutung für ein glückliches Leben wiederzuentdecken.

Diese Erde wartet jetzt auf Männer und Frauen, die sich daran erinnern, dass sie selbst der Quelle »Liebe« entstammen und dass diese Liebe in den Herzen aller Menschen auf dieses Erinnern wartet. Ich weiß, dass sie nicht mehr lange warten muss, denn in diesen Jahren des großen Wandels, ja, der großen Umbrüche fegt die Transformationsenergie, die Liebe selbst, durch alle Menschen und durch alle Energiesysteme, ob durch Familien oder Firmen. Sie hat ihre eigenen Gesetzmäßigkeiten, denen sich der Verstand des unbewusst lebenden Menschen beugen muss. Die Liebe selbst macht jetzt mobil und wacht in immer mehr Menschen auf, die begreifen: Die Sandkastenspiele der Menschheit gehen jetzt zu Ende.

Wenn du deine Beziehungen zu den Menschen an deinem Arbeitsplatz oder in deinem Betrieb gründlich verbessern willst, dann übernimm deine Verantwortung für all die Energien, die du selbst am Morgen in deine Firma hineinträgst. **Stell dir vor, all deine**

Kollegen sehnen sich wie du nach einer liebevollen Gemeinschaft, nach Verständnis und Unterstützung, nach einem aufmunternden Lächeln, einer liebevollen Geste und dem Gefühl »Ich bin hier nicht allein«. Wenn du ihnen das schon geben kannst (weil du es dir innerlich selbst gibst), dann fang damit an! Es liegt zunächst an dir, das Klima in deiner Firma sowie dein eigenes Innenklima zu verbessern. Willst du Anerkennung von anderen, dann schenke ihnen und dir selbst erst einmal Anerkennung. Nur das, was du selbst geben kannst, erhältst du vom Leben zurück, und zwar um ein Vielfaches vermehrt.

Du kannst heute aus deinem anerzogenen Konkurrenzdenken austreten, wenn du erkennst, wie lebens- und liebesfeindlich es ist und dass es dir selbst den größten Schaden zufügt, denn es beraubt dich deiner Lebensfreude. Jedes dich oder den anderen verurteilende Vergleichen fügt dir Schmerz zu. Kümmere dich liebevoll um die Wunden, die du dir selbst bisher zugefügt hast, und um die lange verdrängten Gefühle von Neid und Eifersucht des kleinen Jungen in dir, der damals mit anderen Jungs verglichen wurde und oft den Kürzeren zog. Gesteh dir zu, neidisch zu sein, und geh für dich in der Stille mutig und bejahend fühlend durch dieses Gefühl hindurch. Das verwandelt beziehungsweise transformiert solche Gefühle.

Neidisch und eifersüchtig zu sein, ist eine normale menschliche Erfahrung. Ärgere dich nicht darüber, sondern gestehe dir ein und zu, dass du jetzt so fühlst, und nimm dir Zeit, diese Emotionen sehr bewusst und bejahend in dir zu spüren und dadurch zu verwandeln. Neid, Eifersucht und die damit eng verbundenen Emotionen wie Scham, Kleinheit, Trauer und Wut haben dir gedient, dafür hast du sie erschaffen. Wir sind hier, um durch solche Emotionen hindurchzugehen und zu wachsen. Wenn du sie jetzt annehmend würdigst und verwandelst, haben sie ausgedient.

Wenn andere mehr leisten oder haben, gönne es ihnen, vielleicht kannst du etwas von ihnen lernen. Wenn sie mehr Niederlagen erlitten haben als du, dann öffne dein Herz für dein Mitgefühl. Vielleicht hast du diese Erfahrung auch schon gemacht oder wirst sie noch machen dürfen. Öffne dich dem Gedanken, dass wir alle hier – ohne Ausnahme – in einem Boot sitzen, dass wir alle Brüder und Schwestern sind, die aus einer einzigen Quelle stammen und die sich alle nach dem Gleichen sehnen: nach einem von Freude und Liebe erfüllten Herzen, nach Frieden und innerer Zufriedenheit und nach einer Gemeinschaft, in der jeder gewürdigt und geehrt wird.

Die Arbeit ist – wie schon gesagt – das Kerngebiet eines Männerlebens. In ihr entdeckt der Mann sich und seine Talente, setzt sich mit Mutter Erde und der Materie auseinander und macht etwas daraus. Darum ist der Mann von Haus aus der Erfinder und Finder, der Macher,

der auf dieser Erde etwas bewegt. Er will etwas erobern und neue Felder auftun. Nicht jeder Mann muss zum Unternehmer werden, aber er sollte etwas mit sich und seinen Kräften und Talenten unternehmen. Nicht jeder wird Selbstständiger, aber es ist die Aufgabe eines jeden Mannes, seinen eigenen Stand zu finden, in sich selbst gut zu stehen und in einer guten inneren Beziehung zu sich selbst seinen ganz eigenen Weg zu gehen, unabhängig davon, was andere von ihm erwarten.

Wenn der Mann jedoch keine Freude an seiner Arbeit hat oder sie gar hasst, dann wird es problematisch für ihn. Liebst du deine Arbeit, oder leidest du unter ihr? Freust du dich am Morgen schon darauf, oder denkst du: »Mist, schon wieder arbeiten«? Wenn du heute unter deiner Arbeit leidest, dann übernimm deine Verantwortung dafür, dass du dir das auf unbewusste Weise erschaffen hast, und verzeihe es dir. Erst dadurch erhältst du Handlungsfähigkeit.

Sehr viele Männer laufen zurzeit mit dem Gefühl durch ihr Leben, etwas falsch gemacht oder ihr Leben »versemmelt« zu haben. Das erzeugt Scham und ein schlechtes Gewissen in ihnen, es ist ihnen peinlich, und das wiederum macht viele unterschwellig aggressiv. Besonders im Straßenverkehr können wir das beobachten. Solange wir aber in diesen Schuld und Scham erzeugenden Gedanken stecken bleiben, ändert sich nichts. Wir sind jetzt aufgefordert, etwas

Grundlegendes zu ändern, und das fängt bei uns selbst an, bei unserer Beziehung zu uns selbst. Auch wenn du über fünfzig bist, tröste dich nicht damit, dass du vielleicht in zehn Jahren in Rente gehen kannst. JETZT ist die Zeit, einen inneren Neuanfang mit dir selbst zu machen, sonst wirfst du diese zehn Jahre weg. Du lebst jetzt, und jetzt entscheidest du darüber, in welchem Zustand du dich in zehn Jahren befinden wirst.

Wir haben in den letzten Jahrzehnten kollektiv die Arbeit und das Arbeiten mehr und mehr abgewertet und die Freizeit aufgewertet. Durch diese Trennung entwickelten viele zu ihrer Arbeit und zur Leistung ein ablehnendes Verhältnis. »Arbeit ist schlecht, Freizeit ist gut«, lautet es in vielen Köpfen heute. Mit dieser Einstellung jedoch ziehen wir uns selbst den Stecker aus der Dose, das heißt, wir rauben uns und der Arbeit, die wir tun, die wichtigste Energiequelle: unsere Freude an ihr und unsere Liebe zu ihr. Damit verbauen wir uns den Weg zu Erfolg und Erfüllung in unserem Leben.

Wenn wir eine Arbeit tun, dann erwartet sie unser ganzes Ja zu ihr, unsere Freude daran, dass wir etwas zustande bringen und unseren Beitrag leisten in einer Gemeinschaft, einer Firma oder in unserer Gesellschaft. Wer glaubt, Arbeit sei nur zum Geldverdienen da, der verpasst als Mann das Wesentliche in seinem Leben und hat am Ende oft Probleme mit der

Kohle und auch mit seiner Libido. Das freudige Arbeiten ist ein wesentliches Element, das wiederum zu Freude und Lebensbegeisterung führt. Sie gibt unserem Leben einen Sinn.

Egal, ob du in deiner Firma zuständig dafür bist, dass das Kopierpapier nicht ausgeht, oder ob du zwanzig Mitarbeiter führst, du bist wichtig, damit der Laden läuft, und trägst deinen Teil dazu bei. In jeder Firma ist der Mensch die wichtigste Energie, und er selbst ist es, der bestimmt, welche Energie er in diese Firma hineinträgt. Wenn ein Unternehmen tausend Mitarbeiter hat und dreihundert von ihnen kommen morgens mit einem inneren Nein oder einem zwiespältigen Gefühl zur Arbeit, dann ist das ein Virus, der den Betrieb auf Dauer zusammenbrechen lässt. Wenn du selbst dazugehörst, wird dein Nein aber auch dich selbst kaputt machen. Denn derjenige, der mit Freude, Achtsamkeit und Liebe arbeitet, nährt nicht nur die Firma, er nährt vor allem sich selbst. **Wer in seiner Arbeit nichts zu lachen hat, hat auch in seinem sonstigen Leben wenig zu lachen.**

Wenn du deine Unlust oder deinen Missmut bei der Arbeit nur auf die schlecht geführte Firma schiebst und auf die Unfähigkeit des Topmanagements, machst du es dir zu einfach. Denn jede Firma spiegelt wie jede Gemeinschaft, sei es eine Familie, eine Hausgemeinschaft, eine Stadt oder ein Verein, die Energien aller wider, die zu ihr gehören. Wie du also am

Morgen zur Arbeit gehst, dafür ist weder dein Vorstand noch dein Vorgesetzter verantwortlich, sondern allein du selbst. Schon wenn du in dein Auto steigst und dich auf den Weg machst, entscheidest du, welche Energien du in deine Arbeit hineingibst und in welchem Zustand du am Abend voraussichtlich nach Hause kommst. Deine Grundeinstellung zu dir selbst, zum Leben und zur Arbeit fließt in diesen Energiemix hinein, den du morgens zu dir nimmst. Entweder schwächt er dich, oder er stärkt dich.

Rede dir nicht ein – wie die blinde Masse es tut –, du wärst ein Opfer von »denen da oben«, von deinem Chef oder vom Vorstand. »Die da oben« agieren so, wie es dem Bewusstsein »derer da unten« entspricht. Wenn du deine Macht, deine Schöpferkraft aus den Händen gibst, weil du meinst, du hättest keine, dann darfst du dich nicht wundern, wenn andere sie für dich und über dich ausüben und du unter ihnen leidest. Deine Weigerung, dein eigenes Männerleben schöpferisch und mutig in deine Hände zu nehmen, führt in dir zum Gefühl der Handlungsunfähigkeit und fordert andere auf, deinen Freiheitsraum einzuschränken oder dir auf die Füße zu treten. Das macht deine Frau oder deine Schwiegermutter vielleicht ebenso wie dein ehrgeiziger Kollege oder dein Chef.

Wer seine Arbeit nicht liebt und wer das Arbeiten nicht würdigt und wertschätzt, der will sie bewusst oder

unbewusst loswerden. **Warum soll etwas bei dir bleiben, was du nicht liebst? Das ist mit allem so.** Liebst du deinen Körper nicht, warum soll er gesund bleiben? Du wirst ihn beziehungsweise seine Gesundheit schneller los, als dir lieb ist. Wenn du deine Partnerin nicht liebst, verlierst du sie oder ihre Liebe. **Und wenn du die Arbeit als hartes Los, als Schicksal betrachtest, an dem du nichts ändern kannst, dann wirst du sie auch los. Man nennt es dann »arbeitslos«.**

Die Liebe ist immer das Verbindende, der Stoff, der alles zusammenhält, es ist das Öl im Getriebe des Lebens und auch in deinem eigenen »Getriebe«. Fehlt dieser wichtigste Stoff, läuft es nicht rund – weder in der Firma noch in deinem Leben und im Bett meist auch nicht. Wer keinen Bock auf seine Arbeit hat, dem fehlt auf Dauer auch der Bock im Bett, außer er sucht in der Frau die Befriedigung als Ersatz für die Freude, die er in seiner Arbeit nicht findet.

Gegenwärtig beginnen die ersten Führungskräfte in Unternehmen ernsthaft über den Zusammenhang von Arbeit und Liebe nachzudenken. Aber schon das Wort »Liebe« in einer Firma in den Mund zu nehmen, wagt heute noch kaum jemand. Ich erinnere mich, wie mich ein Personalentwickler ängstlich bat: »Können wir das nicht lieber ›Empathie‹ nennen?« Nein, können wir nicht. Denn die Liebe ist weit mehr.

Dass die Firma der Zukunft völlig anders als die heutige aussehen muss und wird, steht schon für viele Führungskräfte außer Frage. Aber sie kann nicht allein von oben verändert werden, die Wende muss und wird sich auch von unten vollziehen. Wenn jeden Morgen Mitarbeiter in die Firma kommen, die sich selbst nicht lieben und sich wie Kinder verhalten, dann kann sich das Management auf den Kopf stellen. Selbst Jesus als Vorstandsvorsitzendem wären die Hände gebunden, und er würde sagen: »Warten wir ab, irgendwann werden sie aufwachen, ihr Herz für sich öffnen und begreifen, was sie sich täglich selbst antun. Denn sie wissen nicht, was sie da tun.«

Es geht nicht in erster Linie darum, dass Männer etwas anderes tun, einer anderen Arbeit nachgehen als bisher, sondern dass sie sie anders tun und dass sie mit sich während ihrer Arbeit anders umgehen. Männer dürfen in der Arbeit und schon auf dem Weg zur Arbeit ihren Weg zurück zu sich selbst und zu einem neuen Selbstverständnis als Mann finden. Sie dürfen sich selbst neu erleben als Männer, die erst einmal sich selbst (geistig) bewegen: als bewusste, sich selbst und andere achtende Männer, die ein Gemeinschaftswerk tun, das wieder Freude macht. Ohne diese Reise zu sich selbst wird keine Arbeit einem Mann Freude machen.

Übernimm deine Verantwortung für deine Schöpfungen, würdige deine Vergangenheit und entscheide dich für einen neuen Weg: für die Liebe, Wertschätzung und Würdigung dir selbst und vor allem deinem Männerherzen gegenüber. **Du hast immer die Freiheit, zu wählen und bewusst zu entscheiden, wer du sein willst in diesem Leben. Wähle jetzt neu!**

24. Männer kommen mit anderen Männern in ihre Kraft

Hast du einen oder mehrere wahre Männerfreunde? Hast du einen Freund, mit dem du über alles reden kannst, was dich im Inneren bewegt, auch über deine schwächsten Seiten und unangenehmsten Gefühle wie Schuld und Scham, Angst und Ohnmacht? Vor dem du dich nicht verstecken musst, dem du dich öffnen und dem du dein verletztes Herz und seine Narben zeigen kannst? **Neben deiner geklärten herzlichen inneren Beziehung zu deinem Vater (auch wenn er schon heimgegangen ist) sind Männer und deine Freundschaft mit ihnen in deinem Leben die wichtigste Tür in deine wahre Männerkraft und deine Freude am Mann-Sein.**

Viele Männer sagen, dass sie sich vor allem mit Frauen gut verstünden, aber zu anderen Männern Abstand halten und zu ihnen nicht solch ein Vertrauen entwickeln könnten wie zu Frauen. Dies lässt darauf schließen, dass sie in ihrem wahren Mann-Sein noch nicht angekommen und mit dem ersten Mann im Leben, ihrem Vater, noch nicht im Frieden sind oder noch keine innere herzliche Verbindung zu ihm haben.

Auch eine dicke Verstrickung mit einem jüngeren oder älteren Bruder führt den Mann oft zur Ablehnung von Männern, die sich ähnlich wie jener verhalten und in ihm solche Gefühle auslösen, wie der Bruder es in ihrer Kindheit tat. Wenn das bei dir der Fall ist, heißt es, dass wichtige Energiebahnen in dir noch verschlossen sind und dir eine große Quelle für die Freude am Mann-Sein und die Kraft, ganz deinen Mann zu stehen, nicht zur Verfügung steht.

Wir Männer brauchen (und hier stehe ich zu dem Wort »brauchen«) herzliche Verbindungen und Freundschaften mit anderen Männern. Wir haben fast alle dieselben oder sehr ähnliche Themen, so wie die Frauen ihre spezifischen Themen haben und mit anderen Augen auf die Welt und auch auf uns schauen als wir selbst. Unsere Herzen sehnen sich danach, die Schönheit und Kraft des Männlichen in uns selbst zu erkennen und uns gegenseitig jenseits allen Konkurrenzdenkens liebend zu unterstützen, um in unsere Größe zu wachsen. Wir wollen wie ein Baum mit tiefen Wurzeln bestens geerdet dastehen und unsere Arme jubelnd der Sonne entgegenstrecken.

Wenn du noch keine Männerfreunde hast, dann frage dich, was du über Männer denkst und ihnen gegenüber fühlst. Alles, was dich auf Distanz zu ihnen hält, hält dich auf Abstand zu dir selbst, zu deinem wahren Kern und damit zu deiner tiefsten Wahrheit. Du kommst dir selbst näher und näher, wenn du anfängst,

Nähe zu anderen Männern zuzulassen. Du musst nicht schwul sein oder mit Männern Sex haben, um wahre Intimität über den Austausch von Gefühlen, Gedanken und herzlichen Gesten zu ihnen herzustellen. Männer können dich auf ganz andere Weise verstehen als Frauen. Uns allen geht es im Inneren sehr ähnlich, unabhängig davon, was der Einzelne bisher in seinem Leben erschaffen oder erfahren hat. Wir können uns im anderen erkennen und durch das offene Gespräch, aber auch durch Spiel und Sport, gemeinsame Projekte und das gemeinsame Feiern des Lebens sehr viel über uns selbst erfahren und innerlich reifen. Wer einmal einen Abend lang mit anderen Männern am Feuer gesessen und die Kraft männlicher Gemeinschaft gespürt hat, weiß, wovon ich rede.

Schau dir genau an, was du an diesem oder jenem Mann (noch) ablehnst und verurteilst. Alles, was du an Männern nicht magst, hat mir dir und deinem Bild von Männern zu tun, das du dir schon früh zurechtgelegt hast. Als kleine Jungen im Kindergartenalter hatten wir noch ein unbefangenes, herzliches Verhältnis zu anderen Jungen. Aber bald schon verschlossen wir unser Herz für den Ausdruck unserer Gefühle ganz besonders anderen Jungs gegenüber und lernten, uns mit ihnen zu vergleichen und mit ihnen um Anerkennung zu konkurrieren. Konkurrenz war ursprünglich einmal als sportlich-spielerischer Wettbewerb gedacht, an dem alle ihre Freude haben, auch die, die nicht zu den Gewinnern gehören, weil das Spielerische im Vordergrund stand. »Konkurrenz« bedeutet ursprünglich, »zusammen zu laufen« und nicht »einander zu bekämpfen« oder den anderen gar »zu vernichten«.

Wenn du schon einen Freund hast, dann beobachte, ob ihr vor allem über äußere Dinge und Ereignisse und andere Menschen sprecht oder auch über das, was euch wirklich im Inneren bewegt, über eure Herzenswünsche, eure Ängste und über eure persönlichen Erfahrungen mit Frauen, Kollegen, Chefs und anderen. Fang du selbst an, dich zu öffnen, und du wirst dich darüber wundern, dass es dem anderen ähnlich geht wie dir. Mach den Anfang und zeige dich auch von deiner schwachen Seite mit deinen Fragen, Ängsten und Zweifeln, und du wirst überrascht sein, wie schnell sich auch dein Gegenüber traut, mehr und mehr von seiner Maske abzulegen.

Bei allen sogenannten Naturvölkern wurden und werden noch heute Männer von den Älteren ins Mann-Sein eingeführt. Schon die pubertierenden Jungen verbringen oft ein ganzes Jahr ausschließlich mit ihnen und lernen, sich von ihrer Kindheit zu verabschieden und die Verantwortung als Mann zu übernehmen, um auf eigenen Beinen zu stehen, also im wahren Sinn »selbstständig« zu werden Dort heißt es: »Jetzt stirbt der Junge, und der Mann wird geboren.«

In unserer Gesellschaft haben wir solche wichtigen Initiationsphasen und -institutionen nicht mehr. Früher haben dazu zumindest noch die Pfadfinder und der YMCA, der Christliche Verein junger Männer, ihren Beitrag geleistet.

Die Aufgabe des älteren Mentors im antiken Griechenland und auch in den mittelalterlichen Zünften zielte in dieselbe Richtung. Heute wird diese Funktion in einigen Firmen wiederbelebt. Ein junger Mann weiß dort für ein Jahr einen älteren Kollegen an seiner Seite, damit er sich leichter in das Gefüge der Firma einleben kann und eine Anlaufstelle für persönliche Fragen hat. Darum appelliere ich an die älteren, erfahrenen Männer, die mit beiden Beinen gut im Leben stehen und schon manche Krise erfolgreich bestanden haben, auf die jungen zuzugehen, ob in einer Firma oder außerhalb. Viele junge Männer lechzen nach Orientierung, Führung, gutem Rat und Rückmeldung darauf, wie sie von außen wahrgenommen werden, und sind dafür sehr dankbar. Und vermutlich erinnerst auch du dich an den einen Lehrer, Ausbilder oder sonstigen Mann in deinem Leben, der mehr in dir sah, als du selbst sehen konntest. Ich nenne sie die »Förderer« in unserem Leben, die uns etwas zugetraut haben, sodass wir selbst Vertrauen in die eigenen Kräfte schöpfen konnten.

Und wenn du Vater eines Sohnes bist, egal, ob er noch klein ist oder schon über dreißig, dann lade ihn ein,

Zeit mit dir zu verbringen, und schlage dafür etwas Attraktives für beide vor, sei es eine Wanderung, einen Segeltörn, eine Städtereise oder einfach einen Männerabend in einer Kneipe, in der man sich gut unterhalten kann. Zeige deinem Sohn etwas vom Innenleben eines Mannes, der schon durch Krisen gegangen ist, sprich von Gefühlen und Zeiten der Schwäche und des Zweifels, die du durchschritten hast. Und sage ihm – wenn du kannst –, dass du ihm seinen eigenen Weg zutraust. Natürlich geht das nur, solange er noch (oder wieder) ein Interesse hat, dir zuzuhören. Dränge ihm nicht deine Weltsicht auf. Und höre auch dem zu, was in ihm vor sich geht. Zeige ihm vor allem, dass du ihn liebst, und zwar so, wie er ist. Nimm all deine Erwartungen an ihn zurück, wenn du es schon kannst, denn deine Erwartungen behindern ihn auf seinem Weg zu sich selbst und zu seiner ganz eigenen Wahrheit.

So paradox es klingen mag: Der Weg zur Frau, zu einer reifen, beide erfüllenden Sexualität sowie zu einem respektvollen, würdigenden und liebenden Verhältnis zu ihr, geht für den Mann über den Weg zu sich selbst und zu den Männern. Der Mann darf sich selbst erst wertschätzen und lieben lernen, und das kann er nur, wenn er sich und seinen bisherigen Weg versteht und sich verzeiht. Dazu dienen ihm andere Männer. Der meist nur oberflächliche Kontakt von Mann zu Mann wird nicht zuletzt dadurch nicht tiefer, weil viele Männer Angst vor zu viel Nähe zu einem anderen Mann haben. Jemand könnte sie am Ende noch für schwul halten. Es ist letztlich die Angst vor den eigenen homoerotischen Zügen, die sich ein »richtiger« Mann nicht eingestehen mag, weil es ihm zutiefst peinlich wäre und er Ausgrenzung und Ablehnung befürchtet. Während es Frauen leichtfällt, sich bei der Begrüßung herzlich zu umarmen oder zu küssen, tun sich viele Männer noch schwer damit, den anderen liebevoll in den Arm zu nehmen. Oder sie machen es auf eine so robust-aggressive Art, dass man besser vorher seine Rippen versichern lässt.

In diesem Buch bin ich auf homosexuelle Männer nicht eingegangen, weil sie in vielen Bereichen sehr ähnliche Themen haben wie nicht-schwule Männer. Und ich denke, ihre speziellen Themen werden besser von einem von ihnen beschrieben. Ich bitte alle schwulen Leser dafür um Verständnis. Warum ein Mann homosexuell wird, darüber ist viel gestritten worden und wird noch gestritten. Ich persönlich vermute, dass sich die männliche Seele bereits vor ihrer Inkarnation für diese sexuelle Ausrichtung entscheidet.

Für die Beziehung heterosexueller Männer zu sich selbst und zu anderen Männern sind ihre Einstellungen und Gefühle Homosexuellen gegenüber von größerer Bedeutung, als ihnen bewusst ist. Wie schon angedeutet: Je größer das Unbehagen oder die Abneigung eines Mannes gegen Homosexualität ist, desto fragiler ist sein Selbstbewusstsein und sein inneres Selbstverständnis als Mann. Denn jeder, der sich vehement von etwas abgrenzen muss, was er angeblich nicht ist, hat genau zu diesen Aspekten des Ab- und Ausgegrenzten einen starken Bezug.

Ich möchte an dieser Stelle allen Schwulen herzlich danken für ihre wertvollen Beiträge, die sie uns als Gesellschaft auf vielen Gebieten, besonders in unserem Wirtschafts- und Kulturleben, schenken. Bisher wenig bekannt sein dürfte, dass es zur Bewertung der Attraktivität und Wirtschaftskraft einer Stadt seit Längerem einen sogenannten Gay Index gibt. Je höher dieser Index ist, desto höher wird der jeweilige Wirtschaftsstandort und die Attraktivität der Stadt eingeschätzt. Ob in Köln, Hamburg, Berlin, München oder in kleineren Städten, Schwule arbeiten schon lange nicht mehr nur in Kreativagenturen, im Medienbereich oder in Friseursalons, sondern in allen Branchen und leisten als Angestellte und als Selbstständige oft Spitzenmäßiges.

Aufgrund ihrer Kreativität, ihres Sinns für Ästhetik und ihres besseren Zugangs zu weiblichen Qualitäten werten sie ganze Stadtviertel in kultureller und wirtschaftlicher Hinsicht auf und machen diese auch zum Anziehungspunkt für Heterosexuelle. Davon kann man sich in vielen deutschen Stadtvierteln überzeugen wie zum Beispiel im Münchner Glockenbachviertel. Mit seinen vielen innovativen Läden und erstklassigen Restaurants ist es zum Vorzeigeviertel für schönes, genussvolles Stadtteilleben geworden, in dem sich sowohl Homos als auch Heteros äußerst wohlfühlen.

25. Pack es an und bleib am Ball!
Eine Zusammenfassung

Ich habe dir in den einzelnen Kapiteln bereits eine Reihe von Empfehlungen gegeben, wie und wo du konkret bei dir und in deinem Leben ansetzen kannst, um alte, unbefriedigende Zustände zu verändern und ihm eine völlig neue Richtung zu geben. Damit du einen guten Überblick gewinnst und behältst, führe ich auf den folgenden Seiten noch einmal die wichtigsten Dinge auf, die du jetzt anpacken und zu leben anfangen kannst. Wenn du dich dafür entscheidest, wirst du bereits in den ersten Wochen spürbare Veränderungen deiner inneren Befindlichkeit und in der Folge auch einen Wandel in deiner Außenwelt wahrnehmen.

Wie schon erwähnt, mögen es viele unserer Mitmenschen überhaupt nicht, wenn jemand neue Wege geht, vor denen sie selbst noch Angst haben. Wenn jemand aus den »alten Schuhen« des Denkens und Verhaltens aussteigt, wenn er aufhört, die Erwartungen anderer zu erfüllen, um gemocht zu werden, dann wenden sich einige Freunde und meist auch Familienmitglieder zunächst ab. Akzeptiere das und verurteile sie nicht dafür.

Sie werden dir früher oder später vielleicht auf deinem Weg folgen. Andere werden gleich sehr positiv auf dich reagieren, weil sie sich schon auf dem Weg ihres Herzens befinden und begonnen haben, ihr Leben aktiv selbst zu gestalten, anstatt es von Familie, Normen, Moral oder dem Massenbewusstsein der noch Schlafenden bestimmen zu lassen.

Triff die grundlegende Entscheidung, ein Mann des Herzens zu sein, dich von der Stimme deines Herzens führen zu lassen und deinen Verstand zum Diener des Herzens zu machen. Wie erläutert scheitern wir als Mann ebenso wie unsere Partnerschaften und Ehen sowie unsere Firmen dann auf Dauer, wenn die Liebe fehlt. Darum frage dich, wenn du bei Entscheidungen unsicher bist: **»Was würde die Liebe jetzt tun? Stimmt das, was ich tue und lebe, mit meinem Herzen überein? Und ist in dem, was ich tue, mein Herzblut drin? Lebe ich es mit einem großen JA!, mit dem Feuer der Begeisterung?«** Der vermeintliche Gegenspieler der Liebe heißt Angst. Sie vor allem regiert in den Firmen und Beziehungen und bestimmt das Denken und Handeln der meisten Männer und Frauen. Aber Angst haben wir uns in Zeiten der Not und Abhängigkeit angelernt, und sie wartet darauf, jetzt durch unsere Liebe verwandelt zu werden.

Die folgenden Punkte sind wie ein Büfett, ein Angebot, aus dem du das eine oder andere auswählen und langsam und besonnen in dein Leben integrieren kannst. Es ist kein »Arbeitsprogramm«. Versuche nicht, alles auf einmal oder in kurzer Zeit zu »erledigen«. Es geht bei diesen Empfehlungen nicht um ein »Problembeseitigungsprogramm«, sondern um eine andere Art zu leben, um einen neuen Weg. Und dieser Weg kommt nicht allein durch männliches Machen zustande, sondern auch durch das Leben von Qualitäten des weiblichen Prinzips, wozu unter anderem das Nach-innen-Gehen, das Zulassen, Empfangen und Sich-führen-Lassen gehören. Sieh zu, dass du beiden Seiten in deinem Leben Raum gibst. Es ist kein Programm, das man einmal »durchzieht«, sondern das man in seine Lebensweise einpflegt.

Mach Inventur in all deinen Lebensbereichen

Mach dir schriftlich klar, in welchen deiner Lebensbereiche du unzufrieden bist und wo es nach Veränderungen ruft. Beschreibe so klar und ehrlich wie möglich, wo du heute in diesen Beziehungsfeldern stehst und wie du sie morgen gern sehen möchtest. Zu den Kernlebensbereichen gehören:

- deine Beziehung zu dir selbst
- deine Beziehung zum Partner
- deine Beziehung zu deinem Kind oder Kindern
- deine Beziehung zu deiner Arbeit

- deine Beziehung zu deiner Herkunftsfamilie, allen voran zu deinen Eltern und Geschwistern
- deine Beziehung zu all deinen Mitmenschen, zu Männern wie Frauen
- deine Beziehung zu Gott und Mutter Erde, zum Leben selbst.

Geh in das Bewusstsein des Schöpfers deines Lebens

Erkenne mehr und mehr, dass du und wie du dir dein bisheriges Leben selbst erschaffen hast: durch die Qualität deines Denkens, Sprechens und Handelns. Mach dir jeden Tag deine Schöpfertätigkeit bewusst, mit der du Energien hinausschickst, die zu dir zurückkehren und sich als Ereignisse und Zustände in deinem Leben und in deinem Körper manifestieren. Was du gestern gesät hast, erntest du heute, was du heute säst, wirst du morgen ernten.

Kläre deine Vergangenheit und geh den Weg des Friedens

Liste insbesondere alle Menschen und alle Ereignisse in deinem bisherigen Leben auf, mit denen du bis heute nicht im Frieden bist, und schreib alles auf, was du dir selbst bis heute an »Fehlern«, Versagen oder Versäumnissen vorwirfst.

Entscheide dich dafür, diese Verurteilungen dir selbst und anderen gegenüber zu korrigieren und sie dir und anderen zu vergeben. Das alles gehört zu deinem bisherigen Weg und wartet darauf, von dir angenommen und gewürdigt zu werden. Sag zu dir: »Ich wünsche mir von Herzen Frieden, Klarheit und Freiheit in mir selbst und mit allen Menschen und Ereignissen meines Lebens. Und ich entscheide mich jetzt dafür, diesen Frieden in mir und in meinem Leben zu erschaffen.« Nach dieser Entscheidung wirst du vom Leben selbst auf diesem Weg geführt und steigst aus deinem meist gut gepflegten Opferbewusstsein aus. Du wirst zum bewussten Schöpfer-Mann in deinem Leben.

Kläre insbesondere deine Verstrickungen mit Mutter, Vater, Geschwistern, Ex-Partner und anderen Menschen, die dir über längere Zeit nahestanden, und allen »Arsch-Engeln« deines Lebens, die deine »Knöpfe« gedrückt haben (hierzu gibt es unterschiedliche Meditationen auf CD, siehe Anhang). Ich empfehle dir, dich mindestens einen Monat lang (besser wären zwei Monate) jeweils einmal wöchentlich um dein inneres Verhältnis zum Vater und zur Mutter deiner Kindheit zu kümmern und ihm beziehungsweise ihr in deinem Inneren zu begegnen. Du wirst überrascht sein, wie sehr allein diese Meditationen dein Leben verändern werden.

Kümmere dich bejahend fühlend
um deine »negativen« Gefühle

Nimm dir regelmäßig Zeit, um mit geschlossenen Augen in der Stille das zu fühlen, was Körper und Seele dir gerade mitteilen wollen: Empfindungen des Körpers wie Unruhe, Enge, Druck, Schwere oder Spannung sowie Emotionen der Angst, Trauer, Wut, Scham, Schuld oder Ohnmacht. Atme bewusst und tief, fühle die Gefühle bejahend und sprich sie als deine Schöpfungen an. Danke ihnen und bade sie in silbernem und anschließend in violettem Licht. Wenn du auf diese Weise regelmäßig nach innen gehst, ob fünf Minuten oder zwanzig, räumst du deinen feinstofflichen Körper systematisch auf und bringst Ruhe und Gelassenheit in dein Energiehaus und in dein Leben. Nutze hierzu auch die Meditationen zu diesem Buch, die du kostenlos herunterladen kannst.

Geh mit deinem kleinen Jungen
in dir durch deinen Tag

Denke jeden Tag immer wieder mal an den kleinen Jungen in dir, die Schlüsselperson für dein Männerglück. Begrüße ihn am Morgen, sag ihm, dass er (auch heute) wieder ganz Kind sein darf, und geh abends mit ihm schlafen. Pflege zu ihm eine herzliche Beziehung wie zu einem Sohn oder einem kleinen Freund. Lobe ihn oft, danke ihm für alles, was er für dich in eurer Kindheit geleistet und durchlebt hat und drücke ihn im Geiste häufig an dein Herz. Unternimm immer wieder mal etwas mit ihm, von dem du weißt, dass er daran seine Freude hat. Es braucht manchmal nur ein paar Minuten zu dauern. Kauf ihm und dir das eine oder andere Spielzeug deiner Kindheit oder das, was er damals nicht haben konnte. Wenn du Kinder hast oder mit ihnen zusammenkommst, dann erlaube dir mit ihnen wieder das Spielen, Blödeln, Lachen, Toben und Tanzen und bewundere die vielen Wunder des Lebens und die Schönheiten der Natur durch die Augen des Kindes.

Entscheide dich für bestimmte Grundwerte und Haltungen

Mach dir klar, was das Wichtigste für dich in deinem Leben sein soll. Was für ein Mensch willst du sein? Welchen Grundwerten willst du folgen in deinem Denken, Sprechen und Handeln? Mit welcher Haltung willst du leben? Beispiele hierfür sind Ordnung, Klarheit, Bewusstheit, Achtsamkeit, Dankbarkeit, Leichtigkeit, Vertrauen, Frieden, Verständnis, Mitgefühl, Freude und Begeisterung, Freiheit, Annahme und Liebe, Dienst an der Gemeinschaft. All diese Qualitäten entspringen dem Geist der Liebe.

Lebe jeden Tag bewusst mit
Zeit und Raum für dich selbst

Gib jedem Tag eine flexible, keine starre Struktur und takte deine Tage mit Pausen, in denen du immer wieder zu dir kommst, deinen Körper aufmerksam wahrnimmst und nach innen gehst. Fang den Tag bewusst mit mindestens zehn Minuten in der Stille an und stell damit die Weichen für Bewusstheit und Selbstzentriertheit. Nutze die Pausen für bewusstes Atmen, liebevolle Selbstgespräche und kleine Achtsamkeitsmeditationen.

Sorge für gute, dich nährende Energien, sei es beim Autofahren, in deinen Arbeitspausen und am Feierabend. Verbringe mindestens zwei Abende pro Woche und mehrere Stunden am Wochenende mit dir ganz allein für dich. Gönne dir reichlich das, was dir guttut. Vermeide, was dich auszehrt und dir nicht guttut. Sei dir selbst ein achtsamer, liebevoller Freund. Nimm den Vorwurf des Egoismus lächelnd hin und wisse: Es ist Selbstliebe.

Lass dich führen, anstatt
Zielen hinterherzujagen

Viele Ratgeber und Coaches betonen, wie wichtig es sei, sich im Leben Ziele zu setzen und sie zu verfolgen. Ich habe mir noch nie Ziele gesetzt, aber immer die Richtung sehr klar formuliert, in die ich mein Leben bewegen will. Ich habe über mein Herz eine Vision, der ich folge, aber ich setze mir keine Ziele. Denn Ziele machen es eng in uns, während eine Vision Öffnung und Weite bringt. Wenn eine Idee in dir auftaucht, prüfe mit deinem Herzen, ob sie sich gut anfühlt und ob sie mit Freude verbunden ist. Wenn ja, dann geh es an und setze die Idee um, wenn sich der Zeitpunkt jetzt richtig anfühlt, und bleib beharrlich, aber unverkrampft dabei, alles zu tun, was für die Umsetzung förderlich ist.

Ziele entstammen dem Verstand, der selten weiß, was für dich das Beste ist. Hör auf dein Herz und lass dich von ihm inspirieren. Entscheide dich dann bewusst, deinen Herzenswunsch zu verwirklichen. Wenn es dir leichtfällt, dann stimmt die Sache, fühlt es sich zäh und schwierig an, dann stimmt damit etwas nicht. Wenn du dich einer Sache, einem Projekt verpflichtest, das mit großer Vorfreude verbunden ist, dann vertraue darauf, dass du bei der Verwirklichung gut geführt und vom Leben unterstützt wirst.

Mit einem Tagebuch schenkst du deinem Leben Bedeutung

Wer regelmäßig in einem Tagebuch etwas Wesentliches zu seinem Leben aufschreibt, beweist, wie wichtig er sich selbst ist. Das ist Selbstliebe in der Praxis. Du kannst unterschiedliche Schwerpunkte für dieses Tagebuch wählen. Zum Beispiel kannst du systematisch notieren, über was oder wen du dich am Tag geärgert hast, und herausfinden, was dieser Ärger mit dir selbst zu tun hat. Du kannst auch alle am Tag auftauchenden unangenehmen Gefühle hiermit erforschen.

Oder du konzentrierst dich beim Schreiben einmal über eine längere Zeit auf das, was du gut gemacht hast, oder auf die Geschenke, die du an diesem Tag vom Leben empfangen hast, von den kleinen angefangen bis zu den großen. Dies erzeugt in dir das Bewusstsein von Dankbarkeit, Fülle und Reichtum. Denn wer für vieles zu danken hat, der sagt zu all seinen Zellen: »Wir sind reich beschenkt.« Das regelmäßige Führen eines Tagebuches verstärkt die Klarheit in deinen Gedanken und führt zu mehr Bewusstheit in deiner Selbstführung und im Umgang mit anderen.

Sorge täglich für Freude in deinem Leben

Wer zu wenig oder kaum Freude in seinem Leben erfährt, der hat sich nicht bewusst für ein Leben der Freude entschieden, sondern unbewusst für das Gegenteil. Unser Herz signalisiert uns über Impulse und Ideen, was uns alles Freude machen könnte, im Kleinen wie im Großen. Beschenke dich jeden Tag mit kleinen oder größeren Freuden. Das kann ein Spaziergang in deiner Mittagspause sein, eine Besinnungspause auf einem Rastplatz während einer Autofahrt, eine Massage, ein Saunabesuch, ein Tag im Wellnesspark, eine neue Musik-CD, ein Paar neue Schuhe, ein schickes Hemd oder etwas anderes.

Wer den Weg zur Freude finden will, möge vor allem das Gegenteil von Freude nicht ablehnen oder bekämpfen. Gefühle wie Trauer, Ohnmacht und Angst sind nicht Gegner der Freude, sondern Türen zur Freude hin. Gehst du bejahend durch diese von dir erschaffenen Gefühle hindurch, gelangst du zur Freude, da sie zu unserer ersten Natur gehört. Wir kommen immer nur über das bewusste Wahrnehmen und Annehmen eines Pols zum anderen, also durch den Unfrieden zum Frieden, durch die Unfreiheit zur Freiheit und durch die Angst zur Liebe.

Konzentriere dich auf deine
eigenen Angelegenheiten

Viel Leid erzeugen Männer wie Frauen dadurch, dass sie sich in ihren Gedanken oft in den Angelegenheiten anderer befinden, sei es in denen ihrer Partner, ihrer Kinder, ihrer Eltern, ihrer Nachbarn oder von anderen Menschen. Wenn wir in Gedanken bei anderen sind, dann sind wir nicht bei uns selbst. Respektiere deine Frau, deine Kinder und alle Mitmenschen, indem du dich nicht übergriffig in ihre Dinge einmischst, sondern ihnen ihren eigenen Weg zugestehst. Wenn sie ein »Problem« haben, mute ihnen zu, dass sie einen Weg finden. Steh ihnen zur Seite, wenn sie dich darum bitten. Wenn sie dich um Rat fragen, sag ihnen vielleicht, was du an ihrer Stelle machen würdest, aber würdige sie als eigenständige Wesen, die ihren eigenen Weg gehen und dabei auch Entscheidungen treffen, die du nicht wählen würdest.

Lobe dich selbst und belohne
dich mit deiner Liebe zu dir

Anstatt immer wieder um Anerkennung und Bestätigung bei anderen zu buhlen, beschenke dich selbst damit. Wenn andere dich loben, nimm es dankend an, aber lobe dich vor allem selbst. Schau schon morgens ein paar bewusste Sekunden lang in den Badezimmerspiegel und sag dem Mann dort freundlich lächelnd, dass du ihn liebst und auch heute sein bester Freund bist. Nimm dich ruhig mal in die Arme oder dein Gesicht in die Hände und versichere dir: »Wir zwei, wir machen das schon. Und wir machen das gut. Denn ich liebe dich, mein Bester.«

Tu nichts, um dafür etwas zurückzubekommen

Wenn du etwas für andere, zum Beispiel für deine Partnerin, tun willst, dann prüfe dein Motiv. Willst du es tun, damit sie nett zu dir ist? Oder damit du etwas anderes von ihr zurückbekommst? Die meisten mit ihrer Mutter im Inneren verstrickten Männer tun etwas für ihre Frauen, damit diese sie loben und sie in ihrem Wert bestätigen. Wenn die Frau es dann nicht tut, sind sie gekränkt, und eine Stimme in ihnen ruft empört: »Aber ›Danke‹ hätte sie schon sagen können.« Beschenke andere, wenn du Freude am Schenken hast. Diese Freude allein ist »Belohnung« genug. Sie nährt dich selbst.

Alles andere sind Tauschaktionen nach dem Motto: »Jetzt habe ich etwas für dich getan, und darum solltest du jetzt etwas für mich tun.« Das hat mit Liebe nichts zu tun. Wenn du begreifst, wie sehr du vom Leben beschenkt wirst und welch ein Reichtum in dir selbst steckt, wirst du zum großzügigen Mann, dessen schönstes »Hobby« es ist, die Welt und die Mitmenschen zu beschenken. Entscheide dich also dafür, deine Talente und deine Liebe großzügig in die Welt zu geben. Verschenke Freundlichkeit, grüße deine Mitmenschen mit einem Lächeln, verschenke Blumen und andere Kleinigkeiten, bei denen du spürst: »Das würde einen anderen erfreuen.« Und vor allem: Beschenke dich selbst und gönne dir das Allerbeste.

Erlaube dir Schwäche und Verletzlichkeit

In den meisten Männern steckt wie beschrieben ein kleiner, verängstigter Junge voller Minderwertigkeit und Scham, und sie tun alles, damit keiner ihn entdeckt. Dabei spürt ihn eh jeder. Je größer die Klappe, je aggressiver oder großspuriger das Auftreten, desto größer muss die Angst sein, die diesen Mann im Inneren steuert. Viele Männer ziehen tagsüber im Beruf eine Show ab und tragen die Maske eines selbstbewussten Mannes. Und wenn sie abends nach Hause kommen, mutieren sie entweder zum kleinen, schüchternen Jungen, der die Zähne nicht auseinanderbekommt, oder zum Tyrannen, der an Frau und Kindern das auslässt, was er den ganzen Tag über unterdrückt hat.

Falls du dich hier wiedererkennst, entschließe dich, mit diesem Theaterspiel aufzuhören. Es lohnt sich nicht und kostet dich unendlich viel Kraft. Es macht dich zu einem toten Mann und führt dazu, dass du dich jeden Tag selbst belügen musst, um die Fassade aufrechtzuerhalten. Erst wenn du anfängst, ehrlich zu dir zu sein, kannst du beginnen, Offenheit und Nähe in deine Beziehung zu bringen. Nähe entsteht durch den Mut zur Verletzlichkeit. Finde deine Wahrheit in dir und zeig dich mit ihr. Wenn dein Gefühl dir sagt, dass etwas für dich nicht stimmig ist, dann sprich es aus, ohne von deinem Gegenüber etwas zu erwarten. Der stärkste Mann ist der, der ganz zu sich selbst steht und nicht erwartet, dass die anderen ihm Beifall zollen. Nur der, der sich erlaubt, auch schwach und verletzlich zu sein, findet zu wirklicher Größe und Stärke.

Mach das Projekt »Mein Mann-Sein« zu deinem Lieblingsprojekt

Vielleicht kannst du es schon erkennen: Das Aufregendste in deinem Leben ist nicht die Zuneigung von Frauen oder der Besitz eines schönen Autos oder ein dickes Bankkonto, nein, es ist das sich täglich fortsetzende Entdecken dessen, wer und was du selbst wirklich bist und was alles in dir steckt. Mit jedem bewusst gelebten Tag entdeckst du mehr über dich und das Leben. Du selbst bist das aufregendste und wichtigste Projekt deines Lebens. Darum schenke dir selbst die erste Aufmerksamkeit. Das hat nichts mit Narzissmus zu tun, sondern mit Verantwortungsbewusstsein. Wer es sich zur Aufgabe macht, sich mit Liebe um seine Gedanken und Gefühle, seinen Körper und sein Herz, seine Erfahrungen und seine Träume zu kümmern, der reift zu einem Menschen heran, der ein Segen ist für alle anderen und seine Mitmenschen, besonders seine Nächsten, entlastet, anstatt sie mit seinem Kummer zu belasten. Dieser Mensch lebt ein erfolgreiches Leben, denn Erfolg im Außen ist die Folge von etwas, was wir in unserem Inneren initiieren und pflegen. Unser liebevolles und aufmerksames, bewusstes Sein in uns und mit uns – unser Bewusstsein – erschafft ein glückliches Sein im Außen.

Achte auf Qualität und Intensität in deinem Leben

Wenn du tust, was du wirklich tun willst, weil dein Herz »Ja« dazu sagt, dann mach es so gut, wie du kannst. Lege die ganze Liebe deines Herzens hinein und achte auf höchste Qualität. Das hat nichts mit Perfektionismus zu tun, sondern ist eine Frage deines Qualitätsanspruchs. Mach die Dinge nicht halbherzig und lau, sondern mit so viel Intensität, Achtsamkeit und Bewusstheit, wie dir möglich ist. Gib dein Herzblut hinein. Und zieh dieses Qualitäts- und Intensitätsniveau durch alle Bereiche deines Lebens. Denn das Leben selbst liebt Qualität und macht auch keine halben Sachen.

Dein Gesamtleben ist ein Kunstwerk, an dem du arbeitest und dem du dein Herz verschreibst, und die verschiedenen Bereiche wie die Beziehung zu dir, die Beziehung zu deiner Frau und die zu deiner Arbeit sind ebenfalls Kunstwerke, an denen du, der Künstler, mit Liebe modellierst, malst oder komponierst. Mögest du am Ende deines Lebens dein Gesamtkunstwerk betrachten und sagen können: »Es ist gut, wie es ist, weil ich mein Bestes, meine ganze Liebe, hineingegeben habe. Danke, dass ich das erschaffen durfte.«

Finde heraus, was du wirklich willst in deinem Leben

Was will ich wirklich, wozu will ich leben, was soll der Sinn meines Lebens sein? Diese Fragen sind die wichtigsten für dich. Du wirst nie herausfinden, was du wirklich willst, wenn du dir die Frage nicht wirklich gestellt und dir für deine Antwort Zeit gelassen hast. **Was will ich wirklich in meinem Leben?** Dein Herz kennt die Antwort. Aber es sagt: »Ich werde dir die Antwort nicht diktieren. Ja, ich habe sie in mir. Aber du darfst intuitiv der Spur, der Fährte folgen, die ich für dich ausgelegt habe, der Spur deiner tiefsten Sehnsucht. Und am Ende wirst du am Feuer stehen, am Feuer deines eigenen Herzens, und du wirst wissen, wofür du wirklich brennst, wofür ich, dein Herz, brenne. Dann wirst du nicht nur die

Antwort auf die Frage gefunden haben, was du wirklich willst. Dann wirst du dich selbst gefunden haben. Dann wirst du bei dir selbst angekommen sein, bei deinen Wurzeln, bei deinem liebenden großartigen Urmann.

Was am Ende zählt

Am Anfang unsres Lebens steht sie offen,
ein Wunder ist ein jeder Stern, der fällt,
und unsre Neugier lässt uns fragend hoffen:
»Wie schön, wie groß, wie weit ist diese Welt?«

Erst mit der Zeit wird alle Welt vergleichen
und macht uns klar: Aufs Haben kommt es an!
Und wer viel will, fragt, um es zu erreichen:
»Wie hoch, wie schnell, wie weit komm ich voran?«

Doch irgendwann am Ende unsrer Tage,
an dem es keine Illusion mehr gibt,
zählt nur noch jene eine, stille Frage:
»Wie sehr, wie oft, wie tief hab ich geliebt?«

ANDREA GEGNER

Nachwort

Solltest du das Buch bis hierhin gelesen haben, gratuliere ich dir herzlich dazu. Die meisten Männer lesen nicht besonders gern, weil sie entweder nicht die Ruhe aufbringen oder (noch) nicht in das Empfangen und Zuhören gehen können. Entweder hast du das Buch auf eine männliche oder auf eine weibliche Art gelesen. Zwischen beiden Arten liegt ein himmelweiter Unterschied. Im ersten Fall rast der Leser von Kapitel zu Kapitel, im zweiten Fall nimmt er sich Zeit, lässt jedes Kapitel auf sich wirken und schaut, wie er das Gelesene in seinem Leben umsetzen kann.

Wenn du nach dem Lesen eines Buches seinen wesentlichen Inhalt einem Freund im Gespräch vermitteln kannst, dann hast du das Buch verinnerlicht. Lies dieses Buch so oft, bis du das kannst. Dadurch stellst du sicher, dass die Inhalte in dir arbeiten und dein Unterbewusstsein dich immer wieder auf Entscheidendes in deinem Leben aufmerksam machen wird, wo du im Sinne eines bewussten Schöpfers auf neue Weise denken, sprechen und handeln kannst.

Solltest du das Buch zunächst auf die männliche Art gelesen haben, empfehle ich dir, dir jetzt langsam ein Kapitel nach dem anderen vorzunehmen. Ideal wäre es, wenn du die zum jeweiligen Thema passenden Meditationen oder auch den einen oder anderen vertiefenden Vortrag zwischen den Kapiteln durchführen beziehungsweise anhören würdest. Hierdurch wird das Lesen zu einem intensiven Prozess der Selbstentdeckung, der zu tiefgreifenden Veränderungen in dir und – in Folge davon – in deiner erfahrenen Lebenswirklichkeit führen wird.

Mancher Leser wird in diesem Buch den einen oder anderen Aspekt vermissen. Das Buch erhebt nicht den Anspruch auf Vollständigkeit und sollte kein umfassendes Handbuch für Männer werden. Wenn du gerade an einem Punkt in deinem Leben angekommen bist, wo du das Gefühl hast, nicht allein weiterzukommen, dann zögere nicht, dir Unterstützung und Rat zu holen. Hierzu stehen dir unter anderem die von mir ausgebildeten Männer und Frauen zur Verfügung. Circa zweihundert davon findest du auf meiner Website unter dem Stichwort »Empfohlene Therapeuten und Coaches«. Sie bieten dir von der ersten Sitzung an eine große Unterstützung auf deinem Weg. Du entscheidest nach jeder Sitzung, ob du weitermachen willst, und es bedarf nur weniger Sitzungen (meistens unter zehn), um eigenständig seinen Weg weitergehen und seine Themen anpacken und lösen zu können.

Jetzt wünsche ich dir für deinen weiteren Weg Gottes reichsten Segen, überbordende spielerische Freude in deinem Leben, Gelassenheit und Vertrauen und ein stets offenes, liebendes Herz. Mögest du wie alle Männer deinen ganz eigenen Herzensweg gehen, deine Begeisterung am Mann-Sein entdecken und deine Herzenswahrheit leben.

Nachwort an die Frau

Liebe Leserin,
wie du wird manche Frau dieses Männerbuch mit Neugier lesen, so wie es schon bei meinem ersten Männerbuch *So wird der Mann ein Mann* der Fall war. Mehrere dieser Frauen sagten mir in den letzten Jahren: »Durch Ihr Buch habe ich meinen Mann erst wirklich verstehen können.« Über solche Rückmeldungen freue ich mich natürlich ganz besonders. Und so freue ich mich, wenn Frauen ihrem Mann dieses Buch schenken, weil sie ihm aus Liebe etwas Gutes tun wollen und nicht, um ihn unter Druck zu setzen mit der Botschaft: »Jetzt ändere dich endlich!«

Es ist ein Zeichen von Liebe und Interesse an seinem Liebsten, ein Buch über das andere Geschlecht zu lesen. Ich selbst habe in meiner Studienzeit einige Frauenbücher verschlungen. Ich ahnte damals schon, dass Frauen und Männer alles andere als »gleich« sind, wie es in der Frauenbewegung hieß und heute wieder in den Genderforen. Wir sind vollkommen gleichwertig, aber so verschieden wie Tag und Nacht. Und das Gott sei Dank. Nur so entstehen die wunderbare

Spannung und das Prickelnde zwischen den beiden, der Tanz der Liebe, die sich immer wieder erneuern und vertiefen kann.

Ich möchte allen Frauen herzlich danken, die angefangen haben, aus den »alten Schuhen«, in denen ihre Mütter gingen, auszusteigen, vor allem aus dem Muster, sich vor allem um andere zu kümmern, während sie sich selbst nicht liebevoll um sich kümmerten und gut für sich sorgten. Ebenso aus dem Muster des sich Sorgenmachens, Aufopferns, Klagens und Anklagens, das nichts mit Liebe zu tun hat, sondern vor allem mit den eigenen Ängsten. Ihr Frauen, die ihr euch innerlich bewegt, bewegt durch euer Vorbild, euer Lebensglück in die eigenen Hände zu nehmen, auch uns Männer. Dafür meinen herzlichen Dank.

Anhang

Meditationen zu diesem Buch
zum kostenlosen Download

Über den unten stehenden Link bzw. dem QR-Code kannst du dir die geführten Audio-Meditationen herunterladen, die ich speziell für dieses Buch aufgenommen habe. Ich empfehle, dir auch die jeweilige kurze Einleitung anzuhören, bevor du mit der Meditation beginnst.

Meditation 1:
Begegnung mit dem kleinen glücklichen Jungen in dir

Meditation 2:
Begegnung mit der Angst des kleinen Jungen in dir

Meditation 3:
Begegnung mit der männlichen und weiblichen Seite in dir

Meditation 4:
Deinen Körper fühlend verstehen lernen

Meditation 5:
Begegnung mit dem Vater deiner Kindheit

Meditation 6:
**Befreiende Begegnung mit deinen männlichen Ahnen,
deinen Ur-Vätern**

Download über:
www.robert-betz.com/wahrhaftig-mann-sein

Über den Autor

Robert Theodor Betz, Diplom-Psychologe, geboren 1953 im Rheinland, gehört seit Jahren zu den erfolgreichsten Lebenslehrern, Coaches und Top-Speakern im deutschsprachigen Raum. Seine Bücher standen bisher insgesamt über 430 Wochen auf der SPIEGEL-Bestsellerliste und erreichten bisher eine Auflage von weit über eine Million verkaufter Exemplare. Seine lebensnahen und humorvollen Vorträge begeistern jährlich Zigtausende Männer und Frauen quer durch alle Bevölkerungs- und Altersgruppen und ermutigen sie, aus ihrem Schöpferbewusstsein heraus ihrem Leben eine neue Richtung zu geben.

Nach Industriekaufmannslehre, Abendgymnasium und Psychologiestudium in Hamburg arbeitete er vierzehn Jahre in der Wirtschaft, zuletzt als Vice President Marketing Europe eines amerikanischen Industrieunternehmens bei Düsseldorf, das er 1995 verließ, um seinem Leben eine entscheidende Wende zu geben. In München begann er 1997 seine ersten Vorträge zu halten sowie seine psychotherapeutische Arbeit in eigener Praxis, die er heute zugunsten seiner Vortrags- und Seminararbeit nicht mehr betreibt.

In den folgenden Jahren entwickelte er aus einer christlich-spirituellen Grundhaltung heraus, die weder an Kirche und Religion noch an eine andere Glaubensgemeinschaft oder Organisation gebunden ist, einen eigenen Befreiungsweg unter der Bezeichnung »Die Transformations-Therapie«, dessen Grundlagen er heute in zahlreichen Seminaren und Vorträgen vermittelt. Seit 2002 bilden seine Ausbildungsleiter pro Jahr weit über hundert Therapeuten und Coaches zum »Transformations-Therapeuten« und »Transformations-Coach für die Wirtschaft« aus.

Als Autor trat Robert Betz erstmals Ende 2007 in Erscheinung. Schon in den ersten beiden Jahren erzielten seine Bücher (vor allem der Titel *Raus aus den alten Schuhen!*) Bestsellerstatus. Besonders beliebt sind seine vielen Vorträge und Meditationen auf über einhundert CDs.

In seiner Arbeit verbindet Robert Betz auf einzigartige Weise Psychologie und Spiritualität und zeigt auf, wie der Mensch sich wieder an seine Ur-Natur erinnern und durch seine bewusst und mit Liebe angewendete Schöpferkraft ein erfülltes, glückliches und erfolgreiches Leben erschaffen kann.

Seine Wahlheimat ist seit vielen Jahren die griechische Insel Lesbos, auf der er fünf Monate im Jahr lebt und auf der er und seine Seminarleiter eine Vielzahl von Seminaren durchführen.

Informationen über seine Angebote erhalten Sie unter info@robert-betz.de oder über seine Website unter www.robert-betz.com.

Weitere Bücher von Robert Betz

Jetzt reicht's mir aber! Dein Weg durch
Ärger und Wut zum Frieden mit dir und anderen.
Heyne 2017

Willst du normal sein oder glücklich? Aufbruch
in ein neues Leben und Lieben. Heyne 2011

Raus aus den alten Schuhen! So gibst du deinem
Leben eine neue Richtung. Integral 2008 /
Heyne 2016

Wahre Liebe lässt frei! Wie Frau und Mann zu
sich selbst und zueinander finden. Integral 2009 /
Heyne 2014

So wird der Mann ein Mann! Wie Männer
wieder Freude am Mann-Sein finden.
Integral 2010

Zersägt eure Doppelbetten. Botschaften der
Geistigen Welt zu Liebe, Partnerschaft
und Sexualität in der Neuen Zeit. Ansata 2010

Willkommen im Reich der Fülle.
Wie du Erfolg, Wohlstand und Lebensglück
erschaffst. KOHA 2007 / Heyne 2015

Dein Weg zur Selbstliebe. Mit dem Mut zur
Veränderung deine Wahrheit leben. GU 2016

Werde, der du sein willst. Schlüssel-Gedanken
für ein neues Leben. GU 2015

Neu denken – neu leben. Gedanken, die das
Leben verändern. Robert Betz Verlag 2017

Engel reden Klartext in Liebe (zusammen mit
Beatrix Rehrmann). Robert Betz Verlag 2012

Der kleine Führer zum großen Erfolg.
Schlüssel-Gedanken für ein erfolgreiches Leben.
Robert Betz Verlag 2008

Ausgewählte Vorträge und Meditationen
von Robert Betz auf CD

Alle CDs finden Sie auf der Webseite:
www.robert-betz.com

Vorträge

Jetzt kommt der neue Mann – Warum sich auch
Männer jetzt bewegen werden

Erkenne dich in den Spiegeln deines Lebens! –
Die Spiegelgesetze verstehen und anwenden
lernen

**Was stützt dich von innen, wenn alles andere
wegbricht?** – Innere Stabilität finden in Zeiten
äußerer Umbrüche

Wer liebt, der leidet nicht! – Warum Liebespartner
sich das Leben oft so schwer machen

Warum Partner fremdgehen!? – Über Untreue,
Eifersucht, Sex und Liebe

Eine glückliche Beziehung ist keine Glückssache –
Wie wir Frische, Lebendigkeit und Liebe in unsere
Partnerschaft bringen

Mich selbst lieben lernen – Selbstwertschätzung
und Selbstliebe als Grundlage für ein glückliches
Leben

**Glücklich in einem gesunden Körper – ein
Leben lang –** Deinen Körper ehren, heilen,
lieben …

**Wie der Mensch wieder zum Ur-Sinn von Arbeit
und Leben zurückfindet**

Das Herz führt immer zum Erfolg – Wie du Erfolg,
Wohlstand und Glück in dein Leben ziehst

Meditationen

Wie der Mann wieder zu sich selbst findet –
Vier Meditationen für Männer, die sich mehr
Freude am Leben wünschen

Kurzmeditationen für jeden Tag – Für Gelassenheit,
Klarheit und inneren Halt

Nimm deinen Thron wieder ein – Meditationen,
die dich in deine wahre Größe führen

Meditationen für Autofahrer – Im Stau und auf dem Weg zum und vom Arbeitsplatz

Komm in deine Mitte – Kurze Meditationen für den Alltag

Mein Vater und ich – Begegnungen mit ihm für Heilung, Frieden und Freiheit

Meine Mutter und ich – Begegnungen mit ihr für Freiheit, Frieden und Heilung

Negative Gefühle in Freude verwandeln

Ärger, Wut und Hass in Frieden verwandeln – Wie wir aus unangenehmen Emotionen Kraft und Freude schöpfen können

Bring frischen Wind in deine Partnerschaft! – Innere Begegnungen mit deinem Partner

Rosenkrieg oder endlich Frieden – Mit deinem Ex-Partner in den Frieden kommen

Deinen Körper durch Liebe heilen – Wie unser Körper gesund wird und bleibt

Kostenlose Angebote von Robert Betz

App »Mein Gedanke für den Tag«
(zum Downloaden im iTunes- oder Apple-Store)

**Über 30 kostenfreie Online-Seminare mit Vortrag
und Meditation**
(siehe Startseite www.robert-betz.com,
oben grüner Button)

**Über 60 Videos auf YouTube mit Vorträgen und
Meditationen**

Alle CDs von Robert Betz dürfen gern kostenlos
kopiert werden, um sie weiter zu verschenken.

Gedichte von Andrea Gegner

Weitere Gedichte von Andrea Gegner findest du in ihrem wunderschön illustrierten Gedichtband *Leben ist Wandel* (80 Seiten, durchgehend vierfarbig, € 20,– [D]).

Erhältlich über: **www.andreagegner.de/shop**

Weitere Informationen über Andrea Gegner:
www.andreagegner.de

Wahrhaftig Mann sein
Das Hörbuch

Hörbuch, 5 CDs
ISBN: 978-3-946016-20-5
Verlag Robert Betz

Der Weg zur wahren Männernatur, raus aus Verunsicherung,
Anpassung und Schuldgefühlen: Lebensnah, bodenständig und
humorvoll zeigt Robert Betz, wie Mann endlich wieder Mann sein
kann – lebendig und leidenschaftlich, mit Herz und Hirn in einem
kraftvollen, gesunden Körper. Ein mitreißendes Buch für alle Männer,
die ihrem Leben einen tieferen Sinn und eine neue Richtung
geben möchten - und ein echter Augenöffner für Frauen, um die
seltsame Spezies Mann auf ganz neue Weise verstehen zu lernen.

Gesprochen von Robert Betz.

Hörbücher von Robert Betz

Hörbuch, 4 CDs
ISBN: 978-3-946016-12-0
Verlag Robert Betz

Hörbuch, 5 CDs
ISBN 978-3-942581-11-0
Verlag Robert Betz

Hörbuch, 7 CDs
ISBN 978-3-940503-89-3
Verlag Robert Betz

Hörbuch, 4 CDs
ISBN 978-3-942581-89-9
Verlag Robert Betz

Hörbuch, 5 CDs
ISBN 978-3-942581-01-1
Verlag Robert Betz

Hörbuch, 6 CDs
ISBN: 978-3-940503-88-6
Verlag Robert Betz

Alle Hörbücher sind erhältlich über **www.robert-betz-shop.de**

Bücher von Robert Betz

256 Seiten
ISBN 978-3-453-70326-1
Heyne

272 Seiten
ISBN 978-3-453-70169-4
Heyne

352 Seiten
ISBN 978-3-453-70252-3
Heyne

224 Seiten
ISBN 978-3-453-70283-7
Heyne

288 Seiten
ISBN 978-3-7787-9218-6
Integral

272 Seiten
ISBN 978-3-453-70304-9
Heyne

INTEGRAL

HEYNE〈